王义桅讲"一带一路"故事

王义桅 著

人民出版社

序

中国故事从"一带一路"讲起

赵 启 正

王义桅是热情的"一带一路"研究者和国际宣讲者。这几年他马不停蹄奔走于五十多个国家给高官、学者、企业家、媒体人甚至国王、总统讲述"一带一路"——这个最新鲜的由中国开头的故事。如今，他把这些经历集结成《王义桅讲"一带一路"故事》，请我写几句话，我就写些感触吧。

讲故事有种种讲法，讲亲身体验的故事才能使故事饱含哲理的营养。王义桅顺手拈来中国改革开放进程中民间流传的一句话："要致富先修路，要快富修高速，要闪富通网路"，这句话在中国的改革开放的进程中被证明为千真万确。由此扩展到"一带一路"倡议中的"五通"——政策沟通、设施联通、贸易畅通、资金融通、民心相通，就顺理成章地令人信服接受。

王义桅对世界各地的人们讲中国故事很讲究方法，我愿意在这里提炼出他的三条基本经验，供大家参考：双方要"对话"，而不是一个人"说书"；讲"中国自身"，也讲"对方关切"；讲"两国合作",不忘讲"国际时空"。

一、善于"对话"。对话是平等的、相互尊重的,会远胜于"说教"或"propaganda"(灌输式的宣传)的效果。通过对话才能有的放矢激发对方的兴趣,更好地互动。作者在拉肯与比利时国王对谈"一带一路"建设问题时,在解释对方提出的"一带一路"建设是否是政府项目后,顺势说明了"一带一路"建设遵循"企业为主体、市场化运作、政府服务、国际标准"的宗旨。

二、要充分顾及"对方关切"。"一带一路"的六大经济走廊沿线的64国中,有8个最不发达国家、16个非WTO成员国、24个人类发展指数低于世界平均水平的国家。这些国家的关切有极大不同。没有"国别研究"的功底,用一个"底稿"去不变应万变,人家自然误解中国方案是你让他们硬穿的"中国鞋"。

三、"两国合作"是在经济全球化的环境下实现的,中国故事和世界故事有着千丝万缕的联系,在讲故事中说清楚中国对国际事务的观点是不可或缺的。中国将继续坚定不移在和平共处五项原则基础上发展同各国的友好合作,推动建设相互尊重、公平正义、合作共赢的新型国际关系。这样,他们会理解"一带一路"的合作是有中国政治信誉保证的。

讲好中国故事需要公共外交和跨文化交流的素养。你看王义桅竟然"班门弄斧"对阿拉伯人讲起那么多古兰经的教义,其说服力也就不言而喻了。王义桅也是公共外交的研究者和推动者,面对面讲故事是公共外交的基本形式之一,是公共外交实践者应具备的一条基本素质,所以他如此成功地周游世界讲好"一带一路"的中国故事,就理所当然了。

　　这本书是作者讲好中国故事的案例集，读者开卷必会兴趣盎然。期望中国有更多的学者能像作者那样身体力行地讲好中国故事。

2018 年 5 月 30 日

目　　录

自序：世界因"一带一路"而更美好

梁漱溟曾问，世界会更美好吗？欧美国家普遍认为，不会！明天不会更美好！因而出现反全球化思潮，保护主义、孤立主义、民粹主义乃至极端思潮蔓延。全球化何去何从，世界何去何从？人类面临十字路口。

中国给出了响亮的回答：是的，世界会更美好！因为有了"一带一路"倡议。世界因为"一带一路"而更美好！

"一带一路"提出以来，已成星火燎原之势，对世界产生了多重影响：

第一，为世界经济走出危机指明方向。全球金融危机爆发以来，投资实体经济而非制造金融泡沫，成为国际共识。发达国家搞再工业化，说起来容易做起来难。在 TTIP（《跨大西洋贸易与投资伙伴关系协定》）、TPP（《跨太平洋伙伴关系协定》）和再工业化等无果而终或遥遥无期的情形下，"一带一路"倡议就成为全球金融危机后最可行、最有影响的国际合作倡议，引领了世界经济走出低迷、振兴国际和区域合作的大方向，也给全球投资者带来了希望。

2016 年 8 月 17 日，习近平总书记出席推进"一带一路"建设工作座谈会并发表重要讲话,他指出,以"一带一路"建设为契机,开展跨国互联互通,提高贸易和投资合作水平,推动国际产能和装备制造合作,本质上是通过提高有效供给来催生新的需求,实现世界经济再平衡。特别是在当前世界经济持续低迷的情况下,如果能够使顺周期下形成的巨大产能和建设能力走出去,支持沿线国家推进工业化、现代化和提高基础设施水平的迫切需要,有利于稳定当前世界经济形势。

第二,世界纷纷向东看,学习中国模式、走符合自身国情的发展道路蔚然成风。目前,已经有100多个国家和国际组织参与其中,我们同80多个国家和国际组织签署了共建"一带一路"合作协议、同40多个国家开展国际产能合作,联合国等国际组织也态度积极,以亚投行、丝路基金为代表的金融合作不断深入,一批有影响力的标志性项目逐步落地。"一带一路"建设从无到有、由点及面,进度和成果超出预期。

究其根源,"一带一路"彰显中国模式的魅力,折射出世界对以美国为代表的西方模式的失望。"一带一路"是非常有中国特色的提法,具有丰富的中国模式与中华文化内涵。先说"带",是经济带、经济走廊与经济发展带,是中国改革开放模式经验的体现。"以点带面,从线到片,逐步形成区域大合作"的"丝绸之路经济带"是中国国内改革模式的延伸。再说"路"。中国人有句话:要致富先修路,要快富修高速。因此,基础设施互联互通,成为"一带一路"的重点。在中国,"路"还不是一般的路,是道路,"路"只是实现"道"的一种方式。"道"怎么说的呢?《道德经》第42章说,"道生一,一生二,二生三,三生万物"。今天的道就是命运共同体。因此，"一带一路"不是一条，而是很多很多条，大家都有份，因为它是开放的、包容的。像乌兹别克斯坦这样的双重内陆穷国，按市场经济是很难获得国际金融机构贷款的，但是习近平主席的访问，让乌获得了大量中国国家开发银行贷款，从而使其基础设施先行，逐步培育市场经济所需的外需环境。这就是"一带一路"见证的中国模式威力！"政府+市场"双轮驱动，使乌兹别克斯坦既获得中国国开行，又获得亚投行贷款！既然中国成功找到一条符合自身国情的发展道路才发展起来，其他国家也在走出对西方普世价值和华盛顿共识的迷信，开始探索走符合自身国情的发展道路。这将大大有利于打破西方中心论神话，恢复世界的多样性。

第三，确立了继续推进全球化的信心，打造包容性全球化。近代以来，西方发达国家成为全球化动力，全球化是西方现代性的全球扩张。如今，西方发达经济占世界总量不足 40%，不仅不能成为全球化发动机，反而成为反全球化的源头。全球金融危机爆发以来，中国成为全球产业布局的供给侧、全球化的旗手。建设"一带一路"，按照习近平总书记的说法就是中国欢迎各方搭乘中国发展的快车、便车，欢迎世界各国和国际组织参与到合作中来。因为中国的现代化经验最鲜活，规模和难度超越任何其他国家。

面对世界掀起的保护主义、孤立主义和民粹主义等各种反全球化浪潮，"一带一路"正在挽救全球化，使之落地生根，更包容、更可持续、更公正合理。《共产党宣言》描绘的全球化其实是畸形全球化："正像它使农村从属于城市一样，它使未开化和半开化的国家从属于文明的国家，使农民的民族从属于资产阶级的民族，使东方从属于西方。"对此，"一带一路"以政策、设施、贸易、资金、民心的互联互通，正予以纠偏，以三大统筹——陆海统筹、内外统筹、政经统筹，实现内陆地区—沿海地区、国内外及政治—经济发展的再平衡，改变了广大发展中国家的二元经济结构，通过共同打造绿色丝绸之路、健康丝绸之路、智力丝绸之路、和平丝绸之路，抓住发展这个最大公约数，不仅造福中国人民，更造福沿线各国人民。

当然，世界对"一带一路"的看法经历了一个由观望、猜疑到响应的转变。

先说观望，世界观望美国，美国在观望中国。起初，美国认为"一带一路"只是中国新领导人的一个提法，内涵不甚了解，但从其雄心来讲可能是个 illusion（幻想）；亚投行的成功，让美国觉得"一带一路""原来是真的"，但吸取亚投行教训，不方便表态，正拭目以待。但美国智库开始认真研究起来，他们多从地缘政治角度看"一带一路"，引导中国走"带"而非"路"——认为"海上本来就是通的"，引导丝绸之路经济带去挤压俄罗斯地盘，引发中俄战略竞争，甚至引导中国走向阿富汗、中亚等"帝国坟墓"。与此同时，世界观望美国一阵子后，发现美国并未明确反对"一带一路"，反而看到美国的欧洲盟友纷纷加入亚投行，因而积极响应起"一带一路"来。

再说猜疑，尽管官方表态支持"一带一路"的越来越多，但社会层面，尤其是智库和企业对"一带一路"仍有猜疑，包括对"一带一路"本身能否推进的怀疑和对中国战略意图的猜疑。随着对"一带一路"不断了解，尤其是受到先加入先得益的刺激，越来越多国家的心动转化为行动，猜疑暂放一边，并由实践冲刷殆尽。

于是，过去几年，"一带一路"成果出人意料的多；国内外积极性出奇高：阻力没有想象那么大，美国无法反对；风险没有想象那么大。中国建设"一带一路"的自信与自觉，感染、吸引和领导其他国家和地区加入到"一带一路"建设的大合唱之中。

当今世界，许多人把美好期望寄托在中国，寄托在"一带一路"身上。比如，黎巴嫩孔子学院外方院长提出，21世纪是中国世纪，"一带一路"是中国世纪来临的标志，为此黎巴嫩必须抓好"一带一路"机遇。究其原因，一方面是中国成功脱贫致富吸引他们，另一方面是对西方的绝望，比如西亚北非的"阿拉伯之春"演变为"阿拉伯之冬"。

"一带一路"的成功折射出时代矛盾——世界公共产品供给缺口日益扩大，美国领导能力、意愿、诚信全面下滑，这在亚投行问题上充分表现出来。未来十年亚洲基础设施有8万亿美元的巨大缺口，中国倡导成立的亚投行才会取得如此成功，美国的反对不仅无效还自取其辱。不仅如此，"一带一路"旨在解决人类重大关切，实现联合国2030年可持续发展议程，这使得它获得了最高合法性。比如，世界上11亿人没有用上电，国家电网长距离、特高压输电网，实现成本最小化，推动人类共同现代化。美国彭博社预测，到2050年"一带一路"将新增30亿中产阶级。

中国方案切中要害，包容开放，体现了世界的呼声。2015年11月第六届世界中国学论坛上，一位埃及学者感慨："多少年来，西方国家在中东地区输出军火与动荡，是为了攫取石油；只有中国带来经济发展合作倡议，我们求之不得！"在第五届中欧政党高层论坛上，罗马尼亚前总理蓬塔表示："欧洲要睁眼看世界了！我们未来五个月都说不准、看不清，中国人却在设计五十年后的事儿了！"拉脱维亚拉中友好协会主席称:"历史上从未见过如此宏大的合作倡议,超过我们欧洲人想象力,欧洲人千万不要浪费中国的美好意愿啊!"捷克副众议长感慨:"'一带一路'可成为人类最伟大倡议之一。"

总之,世界日益增长的国际公共产品的需求与落后的供给能力之间的矛盾,就是建设"一带一路"的动力,也是"一带一路"建设进度和成果超出预期的根本原因。"一带一路"倡导共商共建共享原则和利益、责任、命运共同体理念,超越殖民体系、联盟体系,引领21世纪以合作共赢为核心的新型国际关系,正在打造开放、包容、均衡、普惠的区域经济合作架构,补全球化短板,推动全球化从"部分全球化"(partial globalization)到"包容性全球化"(inclusive globalization)方向发展,体现了中国的担当。

第一部分　总　论

习近平有关"一带一路"的思想

　　从人类历史上看，大国崛起一定会提出引领世界未来的合作倡议和价值理念。"一带一路"及其背后的人类命运共同体理念就承载着这一使命。"一带一路"首先是中国新时期全方位开放战略，其次是推进新型全球化和新型全球治理的合作倡议，同时还是融通中国梦与世界梦、实践人类命运共同体的伟大事业。

　　古丝绸之路沿线地区曾经是"流淌着牛奶与蜂蜜的地方"，如今很多地方却成了冲突动荡和危机挑战的代名词。习近平总书记心系天下，胸怀南北，高瞻远瞩提出"一带一路"伟大倡议，开辟了我国从参与到引领全球开放合作的新境界。"一带一路"成为习近平新时代中国特色社会主义思想的大手笔和国际社会关注度最高的热词。

　　习近平新时代中国特色社会主义思想汲取五千年中华文明灵感，承载近代以来中华民族现代化梦想，开辟马克思主义中国化、时代化、大众化新境界，这在"一带一路"四个字上得到了充分体现："带"浓缩了中国 40 年改革开放的经验，"路"源于 170 多年来中国走出的符合自身国情的发展道路，"一"折射"道生一，一生二，二生三，三生万物"的五千年文明智慧，集中展示了传统中国、现代中国和当代中国的三重魅力和中国共产党为人类进步事业而奋斗的天下担当。

一、最受欢迎的国际公共产品，最具雄心的中国担当

"一带一路"取代"中国崛起"成为国际社会观察中国的关键词，标志着中国从站起来、富起来到强起来，为解决人类问题不断贡献中国智慧和中国方案。五年来，在各参与方共同努力下，"一带一路"逐渐从倡议变为行动，从理念转化为实践，成为当今世界规模最大的国际合作平台和最受欢迎的国际公共产品。全球 140 多个国家和 80 多个国际组织积极支持和参与"一带一路"建设，一大批有影响力的标志性项目成功落地。

（一）为民族复兴谋局，为人类命运担当的大手笔

2013 年习近平总书记提出建设"一带一路"倡议，它的核心内容是促进基础设施建设和互联互通，对接各国政策和发展战略，深化务实合作，促进协调联动发展，实现共同繁荣。这一倡议源于习近平总书记对国内国际两个大局的深入观察和思考。从国际看，2008 年国际金融危机爆发后，世界经济深度调整、贫富分化加剧，反全球化、民粹主义等思潮抬头。其深层次根源，仍然是发展不平衡。现有国际合作的碎片化、排他性明显，难以实现发展资源的有效整合。当今世界迫切需要一个更为广阔、开放、包容和共享的国际合作平台，从而把各方力量汇聚起来，共谋发展，共应挑战。从国内看，我国经济发展进入新常态，区域发展仍然不平衡，扩大对外开放的视野，着

眼亚欧大陆的互联互通,有助于加快中西部地区的发展步伐,构建全方位开放的新格局。

正是在这种形势下,"一带一路"倡议应运而生。"一带一路"建设致力于缩小发展鸿沟,从根本上化解造成各种冲突和矛盾的根源,是习近平总书记着眼于各国人民追求和平与发展的共同梦想提出的发展合作倡议,是为破解全球发展难题贡献的中国智慧、中国方案。

中国成立推进"一带一路"建设工作领导小组,加强顶层设计和战略规划,出资400亿美元成立丝路基金,推动成立亚洲基础设施投资银行,为"一带一路"沿线国家基础设施建设、资源开发、产业合作等有关项目提供投融资支持,展现了中国作为世界第二大经济体、最大的新兴国家、发展中国家和社会主义国家应有的担当。

(二)唤醒历史记忆,激活丝路精神

早在1936年,提出"丝绸之路"概念的德国人李希霍芬的学生、瑞典人斯文·赫定出版《丝绸之路》一书,就曾预测:"可以毫不夸张地说,这条交通干线(丝绸之路)是穿越整个旧世界的最长的路。从文化—历史的观点看,这是联结地球上存在过的各民族和各大陆的最重要的纽带。……中国政府如能使丝绸之路重新复苏,并使用现代交通手段,必将对人类有所贡献,同时也为自己树起一座丰碑。"并且推断,"中国人重新开通丝绸之路之日就是这个古老民族复兴之时"。

2012年10月,习近平总书记提出中华民族伟大复兴的中国梦,2013年9、10月就向世界发出共建"丝绸之路经济带"和"21世纪海上丝绸之路"的倡议,后来统称"一带一路",难道只是历史的巧合？

习近平总书记指出，"一带一路"倡议，唤起了沿线国家的历史记忆。古代丝绸之路是一条贸易之路，更是一条友谊之路。在中华民族同其他民族的友好交往中，逐步形成了以和平合作、开放包容、互学互鉴、互利共赢为特征的丝绸之路精神。在新的历史条件下，我们提出"一带一路"倡议，不仅再现了古丝路"使者相望于道，商旅不绝于途""舶交海中，不知其数"的繁华景象，而且激活了"和平合作、开放包容、互学互鉴、互利共赢"的丝路精神，使之散发出21世纪的芬芳。"一带一路"建设要以文明交流超越文明隔阂、文明互鉴超越文明冲突、文明共存超越文明优越，推动各国相互理解、相互尊重、相互信任。

（三）"一带一路"建设是伟大的事业，需要伟大的实践

为推进"一带一路"建设，中国政府先后发布《推动共建丝绸之路经济带和21世纪海上丝绸之路的愿景与行动》《共建"一带一路"：理念、实践与中国的贡献》《"一带一路"建设海上合作设想》等政策文件。"一带一路"空间重点走向可以用"六廊六路""多国多港"来概括。"六廊"就是六大经济走廊；"六路"就是铁路、公路、水路、空路、管路、信息高速；"多国"就是培育若干支点国家；"多港"就是建设若干支点港口。同时要重点建设三条蓝色经济通道：以中国沿海经济带为支撑，连接中国—中南半岛经济走廊，经南海向西进入印度洋，衔接中巴、孟中印缅经济走廊，共同建设中国—印度洋—非洲—地中海蓝色经济通道；经南海向南进入太平洋，共建中国—大洋洲—南太平洋蓝色经济通道；积极推动共建经北冰洋连接欧洲的蓝色经济通道。

"一带一路"建设要"牢牢把握重点方向,聚焦重点地区、重点国家、重点项目,抓住发展这个最大公约数"。为此,要抓好标志性工程,进一步研究出台推进"一带一路"建设的具体政策措施,细化时间表、路线图,创新方式,完善配套服务,以点带线、由线到面,以基础设施互联互通、产能合作、经贸产业合作区建设等为抓手,实施好一批示范性项目,切实推进关键项目落地,不仅造福中国人民,也造福各参与国人民。

"一带一路"是公开、透明、开放、包容、互利共赢的倡议,秉持共商、共建、共享的原则,在市场规律和国际规则下运作。推进"一带一路"建设,要坚持陆海统筹、内外统筹、政企统筹,既要发挥政府把握方向、统筹协调作用,又要发挥市场作用。政府要在宣传推介、加强协调、建立机制等方面发挥主导性作用,共同创造有利于开放发展的环境,推动构建公正、合理、透明的国际经贸投资规则体系,促进生产要素有序流动、资源高效配置、市场深度融合。与此同时,发挥市场机制作用,鼓励各类企业参与"一带一路"建设,增强企业自主参与意愿,同时要打造示范项目,产生早期收获,注意防范各类风险。

二、推动全方位开放的战略规划,实现中国梦的世纪工程

党的十八大以来,中国特色社会主义进入新时代,开放型经济的基础和条件发生了深刻变化,中国与世界的互动关系也发生了历史性演变。"一带一路"建设是习近平总书记深刻洞察这一新时代特点,将我国发展置于更广阔国际空间来谋划的主动开放之举,标志着我们

党的开放理论实现了从指导我国开放到推动世界各国共同开放的伟大历史转变,彰显了中国特色社会主义道路自信、理论自信、制度自信和文化自信。"一带一路"被写入党章,凸显中国共产党人建设"一带一路"的自信与自觉。

(一)形成陆海内外联动、东西双向互济的开放格局

党的十八大以后,党中央着眼于我国"十三五"时期和更长时期的发展,逐步明确了"一带一路"建设、京津冀协同发展、长江经济带3个大的发展战略。其中,"一带一路"建设更宏大,更具有世界效应和全球影响,有利于改变过去点状、块状发展格局,形成以点连线、由点带面、线廊互动的发展格局,可以使西部地区一跃成为我国对外开放合作的前沿,同时把京津冀、珠三角和粤港澳大湾区、长三角经济圈和长江经济带、东中西地区自由贸易区以及各省市重点经济发展区域有机衔接起来,能够极大优化我国经济发展空间布局,促进我国区域协调发展。

党的十九大报告指出,开放带来进步,封闭必然落后。中国开放的大门不会关闭,只会越开越大。要以"一带一路"建设为重点,坚持"引进来"和"走出去"并重,遵循共商共建共享原则,加强创新能力开放合作,形成陆海内外联动、东西双向互济的开放格局。

习近平总书记指出,建设"一带一路"是党中央统揽政治、外交、经济社会发展全局作出的重大战略决策,是实施新一轮扩大开放的重要举措,也是营造有利周边环境的重要举措。形象地说,这"一带一路",就是要再为我们这只大鹏插上两只翅膀,建设好了,大鹏就可以飞得更高更远。这也是我们对国际社会的一个承诺,一定要办好。

（二）打造互联互通的全球伙伴网络

在"一带一路"国际合作高峰论坛开幕式主旨演讲中，习近平总书记提出，我们要着力推动陆上、海上、天上、网上四位一体的联通，聚焦关键通道、关键城市、关键项目，联结陆上公路、铁路道路网络和海上港口网络。我们已经确立"一带一路"建设六大经济走廊框架，要扎扎实实向前推进。要抓住新一轮能源结构调整和能源技术变革趋势，建设全球能源互联网，实现绿色低碳发展。要完善跨区域物流网建设。我们也要促进政策、规则、标准三位一体的联通，为互联互通提供机制保障。

"一带一路"让世界分享中国发展经验，让中国拓展发展空间，核心是互联互通。如果将"一带一路"比喻为亚洲腾飞的两只翅膀，那么互联互通就是两只翅膀的血脉经络。中医说，痛则不通，通则不痛。当今世界的和平与发展制约，多由不通造成。世界是通的，是我们的理念。打造"对话而不对抗，结伴而不结盟"的新型伙伴关系和互联互通的全球伙伴网络，成为中国外交的重大课题。

（三）打造中国与世界的利益共同体、责任共同体、命运共同体

一花独放不是春，百花齐放春满园。"一带一路"是促进共同发展、实现共同繁荣的合作共赢之路，是增进理解信任、加强全方位交流的和平友谊之路。中国政府倡议，秉持和平合作、开放包容、互学互鉴、互利共赢的理念，全方位推进务实合作，打造政治互信、经济融合、文化包容的利益共同体、责任共同体和命运共同体。

首先是共谋发展，共同繁荣，打造利益共同体。利益共同体指的是各国之间的利益在不同程度上存在契合，各国应在寻求共同利益的过程中不断减少分歧，促合作、谋发展，实现互利共赢。利益共同体

要求做到中国利益与沿线国家利益的协调，在发展对外关系时做到经济、政治、安全与文化利益的兼顾和协调。

其次是共担风险，共同治理，打造责任共同体。人类面临的全球性问题数量之多、规模之大、程度之深也前所未有，并且往往超越了国界，单靠一国的力量无法解决，这就需要各国加强沟通配合，摒弃意识形态的羁绊，同心同力应对挑战，建立责任共同体。"一带一路"合作是沿线各国积极应对共同挑战、实践共治和善治的明智选择。

最后就是共迎挑战，共生共存，打造命运共同体。在全球化高度发展的今天，各国的前途命运紧密相连、休戚与共，各国人民形成了"你中有我、我中有你"的命运共同体。"一带一路"建设助推各国找到符合自身国情的发展道路，掌握自己的发展、安全命运，形成积极的相互依赖，成为命运共同体。

（四）融通中国梦与世界梦

不同于近代以来西方的殖民主义、帝国主义和霸权主义，以国际掠夺、竞争为常态而合作、妥协为非常态，也不同于战后西方对外援助等各种名目的国际合作模式，"一带一路"依靠中国与沿线国家已有的双多边机制，借助既有的、行之有效的区域合作平台，高举和平、发展、合作的旗帜，主动地发展与沿线国家的经济合作伙伴关系，把中国现在的产能优势、技术优势、资金优势、经验和模式优势转化为市场与合作优势，将中国机遇变成世界机遇，融通中国梦与世界梦。

"要致富先修路，要快富修高速，要闪富通网路"，成为中国脱贫致富经验的鲜明总结，日益流行于世。"一带一路"的要旨就是鼓励各国走符合自身国情的发展道路——中国崛起之前，这被认为是走不通的。我们相信，没有比脚更长的路，没有比人更高的山。独行快，众行远。"一带一路"融通中国梦与世界梦，关键是鼓励沿线各国走符合自身国情的发展道路。

中国愿同世界各国分享发展经验，但不会干涉他国内政，不"输入"外国模式，也不"输出"中国模式，不会要求别国"复制"中国的做法。推进"一带一路"建设不会重复地缘博弈的老套路，而将开创合作共赢的新模式；不会形成破坏稳定的小集团，而将建设和谐共存的大家庭。

"一带一路"建设不是另起炉灶、推倒重来，而是实现战略对接、优势互补，把中国发展同各参与国发展结合起来，把中国梦同各参与国人民的梦想结合起来。比如，"一带一路"建设要同俄罗斯提出的欧亚经济联盟、哈萨克斯坦提出的"光明之路"、土耳其提出的"中间走廊"、蒙古国提出的"发展之路"、越南提出的"两廊一圈"、英国提出的"英格兰北方经济中心"、波兰提出的"琥珀之路"等做好战略对接。除了国家外，战略对接还产生了与国际组织共建"一带一路"新气象，如中阿构建"1+2+3"合作格局、中拉务实合作新框架"1+3+6"、非洲"三网一化"等。各方通过政策对接，实现了"1+1>2"的效果，共同成就持久和平、普遍安全、共同繁荣、开放包容、清洁美丽的世界梦。

三、建设开放型世界经济的全球大合唱，
推进新型全球化的合作大平台

"一带一路"建设是中国和各参与国共同的事业，要坚持各国共商

共建共享原则，遵循平等、追求互利，同各参与国加强友好对话与磋商，对接发展规划与政策，共商发展战略与对策，以开放包容姿态欢迎各方搭乘中国发展的"快车""便车"，共同分享中国发展的成果与经验。支持各参与国结合自身国情，积极发展开放型经济，参与全球治理和公共产品供给，携手构建广泛的利益共同体，打造开放型合作平台，维护和发展开放型世界经济。

五年来，"一带一路"建设从理念转化为行动、从愿景转变为现实，编织起以亚欧大陆为中心、辐射全球各大陆、连接世界各大洋的互利合作网络，构建起发展战略对接、各自优势互补、彼此互联互通、包容开放发展的国际合作平台。

（一）经济大融合、发展大联动、成果大共享

"一带一路"贯穿欧亚大陆，东连亚太经济圈，西接欧洲经济圈，实现发展中国家与发达国家，中国与世界的联动发展。发展是解决一切问题的总钥匙。推进"一带一路"建设，要聚焦发展这个根本性问题，释放各国发展潜力，实现经济大融合、发展大联动、成果大共享。

习近平总书记指出，我国是"一带一路"的倡导者和推动者，但建设"一带一路"不是我们一家的事。"一带一路"建设不应仅仅着眼于我国自身发展，而是要以我国发展为契机，让更多国家搭上我国发展快车，帮助它们实现发展目标。我们要在发展自身利益的同时，更多考虑和照顾其他国家利益。要坚持正确义利观，以义为先、义利并举，不急功近利，不搞短期行为。要统筹我国同沿线国家的共同利益和具有差异性的利益关切，寻找更多利益交汇点，调动沿线国家积极性。我国企业走出去既要重视投资利益，更要赢得好名声、好

口碑，遵守驻在国法律，承担更多社会责任。

实践证明，"一带一路"建设有利于整合各参与国的产能优势、技术优势、资金优势、资源优势、市场优势，推进各参与国的互利合作，在更大范围、更高水平、更深层次开展区域合作，为世界经济增长提供新动力。

（二）不是中国独唱，是世界大合唱

习近平总书记多次强调，"'一带一路'追求的是百花齐放的大利，不是一枝独秀的小利。这条路不是某一方的私家小路，而是大家携手前进的阳光大道"；"不是中国一家的独奏，而是沿线国家的合唱"。互联互通、战略对接、国际产能合作、开发第三方市场，是形成大合唱的基本方式。

中国主动推动共建"一带一路"倡议与"一带一路"沿线国家的国家战略、发展愿景、总体规划等有效对接，寻求共建"一带一路"的合适切入点。截至 2017 年底，中国与 86 个国家和国际组织签署了 101 个共建"一带一路"合作协议，涵盖互联互通、产能、投资、经贸、金融、科技、社会、人文、民生、海洋等合作领域。中国积极履行国际责任，在共建"一带一路"框架下深化同各有关国际组织的合作，与联合国开发计划署、亚太经社会、世界卫生组织签署共建"一带一路"的合作文件。

（三）开放、包容、普惠、平衡、共赢的全球化

古丝路的衰落推动欧洲人走向海洋，开创海洋型全球化。这种全球化是单向度全球化。核心—边缘分工体系，文明的等级秩序，区域化与全球化矛盾导致全球化悖论，酿成今天的逆全球化、反全球化现象。"一带一路"倡议的提出，表明中国从参与到引领全球化的角色

转变。通过倡导文明的共同复兴、开创文明秩序、实现陆海联通和全球化的本土化，建设绿色、健康、智力、和平丝绸之路，共商共建共享利益、责任、命运共同体，"一带一路"扬弃了西式全球化，打造开放、包容、均衡、普惠的合作架构，开创新型全球化。

传统全球化——关税减让，最多能推动世界经济增长5%，而新型全球化——互联互通，将推动世界经济增长10%—15%。通过倡导基础设施的互联互通，"一带一路"正在治疗新自由主义全球化顽疾，引导热钱流向实体经济，正在消除全球金融危机之源，让全球化惠及更广泛的民众。新自由主义全球化是资本导向的全球化，私人资本不愿投资基础设施，资本主义的政治周期无法满足长、慢周期的基础设施需要，资本全球化服务选票而非老百姓，致使全球基础设施成为世界经济发展的短板：发达国家基础设施要升级换代，发展中国家基础设施严重短缺。原来的国际体系主要是美国提供安全、金融公共产品，不适应国际政治经济格局的变化，和中国合作建设"一带一路"，将新自由主义推动的资本导向的全球化，转变为发展导向的全球化，让投资回归实体经济而不是制造越来越多的金融泡沫，是应对民粹主义挑战，实现开放、包容、普惠、平衡、共赢全球化的希望所在。

脱贫致富、削减贫富差距、全球有效治理，是"一带一路"聚焦基础设施互联互通的三大效应。贫困是人类的公敌，盗贼出于贫穷，不患寡而患不均。通过基础设施的投入，产生"火车一响黄金万两"的效应。全球90%的贸易通过海洋完成，80%的产出来自沿海地区一百公里地带。"一带一路"通过陆海联通，消除沿海与内陆地区发展差距。不仅如此，"一带一路"成为推动国际社会实现联合国2030年可持续发展议程的重要合作倡议。

四、倡导新型全球治理的合作倡议，实践人类命运 共同体理念的伟大事业

"世界那么大，问题那么多，国际社会期待听到中国声音、看到中国方案，中国不能缺席。"在 2017 年底中国共产党与世界政党高层对话会主旨演讲中，习近平总书记说，我提出"一带一路"倡议，就是要实践人类命运共同体理念。"一带一路"成为中国推进新的全球治理，推动国际体系变革，增强制度性话语权的重要渠道，也有效回应了国际社会对我国的期待，提高了我国国际影响力、感召力、塑造力，成为实践人类命运共同体的主要抓手。

（一）倡导共商共建共享的新型全球治理

"一带一路"体现了中国倡导的全球治理新理念：共商、共建、共享。

首先，中国倡导"共商"，即在整个"一带一路"建设当中充分尊重沿线国家对各自参与的合作事项的发言权，妥善处理各国利益关系。沿线各国无论大小、强弱、贫富，都是"一带一路"的平等参与者，都可以积极建言献策，都可以就本国需要对多边合作议程产生影响，但是都不能对别国所选择的发展路径指手画脚。通过双边或者多边沟通和磋商，各国方可找到经济优势的互补，实现发展战略的对接。其次，中国倡导"共建"。"商讨"毕竟只是各方实质性参与"一带一路"建设的第一步，接下来要进一步做好"走出去"的服务工作，同时鼓励沿线国家在引入资金、技术后培养相关人才，增强自主发展能力。只有做到了前面两点，才能保证"一带一路"建设的

成果能够被沿线国家和人民所"共享"。

"大道之行也,天下为公。"全球治理体制变革正处在历史转折点上,加强全球治理、推进全球治理体制变革已是大势所趋。中国提出"一带一路"倡议,建立以合作共赢为核心的新型国际关系,坚持正确义利观,倡导共同、综合、合作、可持续的新安全观,构建人类命运共同体等理念和举措,顺应时代潮流和国际期盼,彰显人类公平正义。

(二) 解决三大赤字的中国方案,倡导五通的中国智慧

"大时代需要大格局,大格局需要大智慧。""一带一路"倡议就是为经营欧亚大舞台、世界大格局。

"一带一路"建设是习近平总书记深刻思考人类前途命运以及中国和世界发展大势,为促进全球共同繁荣、打造人类命运共同体所提出的宏伟构想和中国方案,抓住发展这一解决人类一切问题的总钥匙,针对全人类面临的严峻挑战——和平赤字、发展赤字、治理赤字(三大赤字),提出和平之路、繁荣之路、开放之路、创新之路、文明之路(五路),强调要构建以合作共赢为核心的新型国际关系,营造共建共享的和平与发展新局面。

政策沟通、设施联通、贸易畅通、资金融通和民心相通,是"一带一路"建设的核心内容。积极促进"一带一路"国际合作,要以"五通"为抓手,全面提升合作水平。要加强政策沟通,不断夯实"一带一路"建设的政治基础;加强设施联通,不断完善"一带一路"建设的基础设施网络;加强贸易畅通,不断释放互利合作的活力;加强资金融通,不断健全"一带一路"建设的多元化投融资体系;加强民心相通,不断深化形式多样的人文合作,让"一带一

路"建设更好造福沿线国家和世界人民。

（三）推动构建新型国际关系和人类命运共同体

"一带一路""人类命运共同体"及"共商、共建、共享"原则多次写入联合国大会、安理会和专门机构的决议，这表明，"一带一路"国际合作、人类命运共同体理念正成为广泛的国际共识，标志中国逐渐占据人类道义制高点。

命运共同体思想继承和弘扬了《联合国宪章》的宗旨和原则，是全球治理的共商、共建、共享原则的核心理念，超越消极意义上"人类只有一个地球，各国共处一个世界"，形成积极意义上的"命运相连，休戚与共"，就是不仅要在物质层面，还要在制度、精神层面上求同存异、聚同化异，塑造"你中有我、我中有你"的人类新身份，开创天下为公、世界大同的人类新文明。天下大势，分久必合，合久必分。今天的"合"，就是超越国家的狭隘、利益差异，建立相互尊重、公平正义、合作共赢的新型国际关系。

我们正处在一个挑战频发的世界。世界经济增长需要新动力，发展需要更加普惠平衡，贫富差距鸿沟有待弥合。地区热点持续动荡，恐怖主义蔓延肆虐。世界命运握在各国人民手中，人类前途系于各国人民的抉择。中国人民愿同各国人民一道，推动人类命运共同体建设，共同创造人类的美好未来！

人类命运共同体是"思想实验室"的底色

尊敬的联合国教科文组织总干事阿祖莱女士，教科文执行局主席李炳铉大使，中国国家新闻出版署庄荣文署长，尊敬的各国使节，专家学者，女士们，先生们：

感谢主办方邀请，祝贺主题为"通过合作和对话建设共同的未来"的首届信使论坛的召开！很荣幸在此阐述对这一主题的理解。

在中国，几乎人人都用微信。我的微信名"一苇"，除了发音与我名字"义桅"相近外，源自《诗经》 "谁谓河广，一苇渡之"——我父亲的名字"国风"同样源自《诗经》，也来自古印度达摩祖师"一苇渡江"的故事，还源于法国思想家帕斯卡尔（Pascal）的名言"人是一棵有思想的芦苇"。这种复合性，也是中华文明兼收并蓄、融会贯通的写照。

人啊，尽管你有思想，毕竟是脆弱的！所以不同于英文"我"（I）永远大写，中文里的"我"是顶着"羊"才"義"（义），因为羊是柔弱的，让柔弱变成坚强，你就是成人之美（羊大为美），这就是孔子传统思想的"义"，所以我父亲给我取名"义桅"——正义的桅杆。

孔子曰"己欲立而立人，己欲达而达人"。中国四十年改革开放，将自己的命运掌握在自己手上了，将 7 亿多人脱贫致富，占联合国脱贫贡献的七成以上，现在通过"一带一路"国际合作，帮助其他国家脱贫致富，实现联合国 2030 年可持续发展目标，也希望别国的命运掌握在自己手里，共同建设人类命运共同体。这就是中国之义！

蒙内铁路纪念碑。蒙内铁路是中国帮助肯尼亚修建的一条全线采用中国标准的标轨铁路，是肯尼亚独立以来的最大基础设施建设项目，也是肯尼亚实现 2030 年国家发展愿景的"旗舰工程"，于 2014 年 9 月开工，2017 年 5 月 31 日建成通车。

肯尼亚与铁路之缘游走在昨日的幻想与今日认识到世界发展的理性之间。历史上，对我们国家存在贡献最大的，仍然是铁路。铁路对我们国家商业、政治、宗教和文化的影响，前所未有。

内罗毕终点站,是肯尼亚铁路发展上辉煌的明珠。它的美,不仅在于它是一件宏大的艺术品,也不仅仅在于它为旅客提供的尊享服务,而在于它是一个对未来肯尼亚繁荣的承诺。

在这里,一条伟大的现代铁路将取代曾经行驶在这片大地上传奇般的蒸汽机车,改变目的地之间颠簸的旅途,告别经常脱轨、拥抱大地的米轨。

肯尼亚共和国政府与中华人民共和国政府之间的承诺与合作,加上三万当地人民和三千中国人民组成的建设团队的同心协力,让标轨铁路项目提前十八个月交付完工。肯尼亚铁路局、监理咨询联合体和中国路桥的团队协作,很好地诠释了只要相信自己并且有锲而不舍的信念与决心,一切皆有可能的真理。

我们赞美这条铁路,它连通各国,造福于民。

向让梦想变成现实的人们,致敬!

一

为什么没有用中国的新丝绸之路说法,而是"一带一路"?"一带一路"是复兴古丝绸之路吗?

历史上的丝绸之路非常辉煌。欧洲传教士盖群英在漫长的丝绸之路旅程中如此记述:"宽而深的车辙分分合合,犹如江面上的涡流。在这条路上,无数人走过了几千年,形成了一条永不止息的生命之流……"1453年,奥斯曼帝国崛起,把东西方贸易文化交流的桥梁切断了(史称"奥斯曼之墙"),欧洲人被迫走向海洋,从而改变了整个世界格局,变成了西方中心的时代,海洋主导的世界,开创海洋型全球化。这种全球化，正如《共产党宣言》描绘的，其实是畸形全球化："正像它使农村从属于城市一样，它使未开化和半开化的国家从属于文明的国家，使农民的民族从属于资产阶级的民族，使东方从属于西方。"

"丝绸之路"作为商路和文明交流之路源自汉代张骞"凿空之旅"，但直到1877年才由德国人李希霍芬命名。他之所以提出这个概念，不是想要复兴丝绸之路，而是为德国从地缘政治上的欧亚地区的博弈扩张寻找理论借口，带有地缘政治的扩张和殖民主义的印记。所以中国没有用"丝绸之路"的概念，而是中国特色的说法"丝绸之路经济带""21世纪海上丝绸之路"，统称"一带一路"。

为改变近代大陆从属于海洋的海洋型全球化局面，让内陆地区寻找到出海口，许多国家都提出过丝绸之路复兴计划，振兴欧亚大陆。早在1936年，提出"丝绸之路"概念的德国人李希霍芬的学生、瑞典人斯文·赫定出版《丝绸之路》一书，就曾预测："可以毫不夸张地说，这条交通干线（丝绸之路）是穿越整个旧世界的最长的路。从文化—历史的观点看，这是联结地球上存在过的各民族和各大陆的最重要的纽带……中国政府如能使丝绸之路重新复苏，并使用现代交通手段，必将对人类有所贡献，同时也为自己树起一座丰碑。"他并且推断，"中国人重新开通丝绸之路之日就是这个古老民族复兴之时。"

情形果然如他所言。中国并非复兴古老丝绸之路的首创者，恰恰相反，是后来者，但正开创国际合作新篇章。

早在1988年，联合国教科文组织就宣布启动为期10年的"综合研究丝绸之路——对话之路"项目，旨在促进东西方之间的文化交流，改善欧亚大陆各国人民之间的关系。此后，联合国教科文组织围绕"丝绸之路"问题举办众多活动，诸如科学考察、国际学术研讨会、有关文物展览会、"丝绸之路"旅游推介会等，激发了国际社会对"丝绸之路"的兴趣。

2008 年，联合国开发计划署（UNDP）发起"丝绸之路复兴计划"。该计划由 230 个项目组成，执行期限为 2008—2014 年，投资总额 430 亿美元，目的是改善古丝绸之路等欧亚大陆通道的公路、铁路、港口、通关等软硬件条件，使 2000 年前的丝绸之路重现辉煌。俄罗斯、伊朗、土耳其、中国等 19 国参加，拟建立 6 条运输走廊，包括中国至欧洲、俄罗斯至南亚，以及中东铁路和公路的建设体系等。

因此，中国的"一带一路"倡议，学习借鉴了包括联合国教科文组织"丝路文明对话"、联合国开发计划署"欧亚大陆桥"在内的许多理念，进行时代化、大众化。

"一带一路"最初翻译为"One Belt and One Road"，让外国朋友困惑不已：首先是"带"（Belt），纷纷说这跟"腰带"什么关系？其次，就一条？我们国家在不在"一带一路"里面呢？其三，"一带"指陆上，"一路"指海上，陆上不通修路造桥情有可原，海上本来就是开阔的，修什么路（Road）哇？虽然后来翻译为 The Belt and Road Initiative，困惑仍然。这是笔者在伊朗讲"一带一路"时遇到的问题。

看来，"一带一路"要超越修路造桥的角度理解。在中文里，路是与道联系在一起的，道是什么呢？《古兰经》里有句话："真主让我们走上正确的道路"，"一带一路"的路就是真主说的正确的道路！大家还记得那句圣训吧：求知，哪怕远在中国。"一带一路"就是中国最大的学问了！在中国古代海上丝绸之路起点站福建泉州市有座海上交通博物馆，门口摆放摩洛哥大航海家白图泰的雕塑，一进去就看到墙上写着这句圣训。

各种古老文明思想是相通的。比如，《古兰经》里也有类似人类命运共同体的思想，比如：人啊！我确已从一男一女创造你们，我使你们成为许多民族和宗族，以便你们相互认识。也就是说，"不同"是人这些不同的民族和部落了解彼此的动力，而不是冲突的原因。

秉承这种理念，笔者前年出版《世界是通的》一书。其中写道，"一带一路"，全称叫"丝绸之路经济带"和"21世纪海上丝绸之路"。有三个关键词，第一个是"21世纪"。"一带一路"首先是由铁路、公路、航空、航海、油气管道、输电线路、通信网络组成的综合性立体互联互通的交通网络，其核心词是互联互通——万物互联、人机交互、天地一体，鲜明体现21世纪特色。第二个讲"带"，是经济带经济走廊与经济发展带，是中国改革开放模式经验的体现。2013年9月，中国国家主席习近平访问哈萨克斯坦，在哈萨克斯坦纳扎尔巴耶夫大学发表的题为《弘扬人民友谊 共创美好未来》重要演讲。在演讲中，习近平指出，为了使我们欧亚各国经济联系更加紧密、相互合作更加深入、发展空间更加广阔，我们可以用创新的合作模式，共同建设"丝绸之路经济带"，以点带面，从线到片，逐步形成区域大合作。由此，中国建设"丝绸之路经济带"的战略构想首次被提出。第三个讲"路"。中国人有句话：要致富先修路，要快富修高速。在中国，"路"还不是一般的路，是道路，"路"只是实现"道"的一种方式。"道"怎么说的呢？《道德经》第42章说，道生一，一生二，二生三，三生万物。今天的道就是命运共同体。因此，"一带一路"不是一条，而是很多很多条，大家都有份，因为它是开放的、包容的。

通过说文解字，就不难明白，"一带一路"四个字可谓浓缩了中国 30 多年改革开放的经验、170 多年来中国探索找到符合自身国情的发展道路或曰现代化经验，以及 5000 年文明智慧，也是中国改革开放、现代化和连续不断文明三重魅力的综合展示，具有鲜明的中国特色，但这个中国特色越来越对别的国家产生吸引力，具有世界意义。

中医说，"通则不痛，痛则不通"。"一带一路"的关键词是互联互通，这与中医强调"打通任督二脉"的智慧如出一辙。

《推动共建丝绸之路经济带和 21 世纪海上丝绸之路的愿景与行动》指出，民心相通是"一带一路"建设的社会根基。传承和弘扬丝绸之路友好合作精神，广泛开展文化交流、学术往来、人才交流合作、媒体合作、青年和妇女交往、志愿者服务等，为深化双多边合作奠定坚实的民意基础。

这些与教科文组织的工作十分契合。迄今，联合国大会、安理会及 UNDP、WHO 等专门机构都将"一带一路"、"人类命运共同体"写进有关决议。作为首创丝路文明对话的教科文组织，希望也能写进去，实现观念对接、计划对接，让世界更美好。

二

人人都有思想的权利，也认为自己有思想，但是常常认为自己是对的，别人是错的，甚至要把别人皈依成自己的信仰，这可能造成所谓的"文明的冲突"。因此，如何既提出教科文组织的"思想实验室"，又要过滤掉极端思想，实现思想的和谐，就要认真对待好"不同"。

当今世界，虽然进入 21 世纪，但仍然遭受保护主义、民粹主义、恐怖主义、极端主义思潮的煎熬；古丝绸之路沿线地区曾经是"流淌着牛奶与蜂蜜的地方"，如今很多地方却成了冲突动荡和危机挑战的代名词。世界怎么啦？我们怎么办？

美国学者日前发表《重返马可·波罗世界》的悲观论点，认为威斯特伐利亚体系正演变为城市国家体系，世界陷入碎片化。

同样的马可·波罗，在中国眼中竟然如此不同，那就是丝绸之路的繁荣、美好：传统中国文化儒道释并存，儒家强调"和而不同"，道家强调"阴阳和谐"，佛教强调"众缘和合"，一句话"和合"。在联合国教科文组织总部大楼前的石碑上，用多种语言镌刻着这样一句话："战争起源于人之思想，故务需于人之思想中筑起保卫和平之屏障。"这与中国和合理念十分契合。

马可·波罗在丝绸之路

《重返马可·波罗世界》一书的封面

联合国教科文组织总部大楼前的石碑

天下大势，分久必合，合久必分。当今世界之痛，源于"不通"，根子在"分"。人类命运共同体实现"和"，"一带一路"实现"合"，因此成为中国的两大核心倡议，成为回答时代之问的中国方案、中国智慧。

中国社会学家费孝通先生因此提出"各美其美，美人之美。美美与共，天下大同"。成就世界大美，这就是人类命运共同体，寻求人类价值的最大公约数。如果把教科文组织主张的"思想实验室"比作在白纸上绘画，"人类命运共同体"就是这幅画的底色。

在国内"五位一体"总体布局基础上，通过"一带一路"的"五通"，将中国梦与各国梦融通，成就世界梦，这就是人类命运共同体，解决人类"和平赤字""发展赤字""治理赤字"。

中国主张，推动建设新型国际关系，携手迈向持久和平、普遍安全、共同繁荣、开放包容、清洁美丽的世界。

——持久和平的千年梦想

西方有个说法"人类创造了一个沙漠，把它叫做和平。"古希腊历史学家修昔底德也指出，"和平是战争中永远继续的休战"。因此，尽管近代有康德《永久和平论》理想，但是西方国际关系始终走不出战争—和平—战争的循环。现实主义国际关系理论大师肯尼斯·沃尔兹写道："理论家解释了历史学家知道的东西：战争是常态。"承载张载"为万世开太平"理想，人类命运共同体倡导以和平方式解决争端、以共赢理念促进发展繁荣，摈弃霸权主义、强权政治、零和博弈、以邻为壑的旧思维，开创了致力于实现人类永久和平的新路。

——共同安全的殷切期盼

针对当今世界"你安全了，我不安全"、"我的安全建立在你不安全基础上"的零和博弈现象，中国倡导"共同、综合、合作、可持续"的新安全观，打造平等相待、守望相助、休戚与共、安危共担的命运共同体，倡导结伴而不结盟、不针对第三方的全球伙伴关系，构建共商、共建、共享的全球安全治理的新架构，推动国际安全秩序朝着更加公正合理包容有序的方向发展，致力于实现人类的普遍安全。

——普遍繁荣的共同目标

中国倡导合作共赢理念，主张多边主义、自由贸易，构建开放型世界经济。在 WTO 推动不了国际合作的情形下，不是制造地区间新的壁垒，而是对接各国、各地区发展战略，实现硬基础设施、软基础设施的互联互通，国际间、跨地区的协调，实现洲际联动、陆海联通，削减贫富差距，实现共同繁荣。

——开放包容的国际体系

中国高举和平发展合作的旗帜，不搞封闭排外的小圈子，不打地缘博弈的小算盘，积极推动建设相互尊重、公平正义、合作共赢的新型国际关系，合力构建人类命运共同体。国内文化、国际体系建设提倡开放平等、包容互鉴的原则，倡导贸易便利化、投资便利化，呼吁维护以世贸组织规则为核心的多边贸易体制，建设开放型世界经济，坚持多边主义、反对保护主义，致力于维护开放包容的国际体系。

——美丽清洁的地球家园

"一带一路"是绿色之路，十分重视环保问题，致力于维护生态平衡、实现绿色和可持续发展的战略目标。习近平主席 2015 年在联合国总部提出的全球能源互联网计划就是典型的写照。

联合国教科文组织首届《信使》论坛会场

三

光有"思想实验室"不够,还要有中国哲学家王阳明强调的"知行合一",通过实践检验思想、产生更切合实际的思想,指导实践。所以,中国国家主席习近平在日内瓦万国宫系统阐述"人类命运共同体"理念前,率先提出"一带一路"国际合作倡议。在去年中国共产党与世界政党高层对话会的主旨演讲中,习近平主席指出:"我提出'一带一路',就是为实现人类命运共同体"。

"大时代需要大格局,大格局需要大智慧"。"'一带一路'是伟大的事业,需要伟大的实践。"《周易·易辞下》写道"穷则变,变

王义桅在论坛上演讲

则通，通则久"。变：改革开放；通："一带一路"；久：人类命运共同体。

这就是中国的逻辑，希望通过与教科文组织的合作，在哈贝马斯、马克思等哲人"交往合理化理论""自由人联合体"等思想引领下，变成世界的逻辑。

谢谢聆听！

（2018年6月12日，在联合国教科文组织总部首届《信使》论坛的主旨演讲，巴黎）

点一盏灯，让世界亮起来

"像西天取经一样充满了曲折。"这是笔者 2017 年春率外交部南亚宣讲团在尼泊尔、巴基斯坦、阿富汗三国宣讲"一带一路"的突出感受。

从巴基斯坦飞往相邻的阿富汗，却要到迪拜转机，中转时间长达 10 个小时，几天才会有一趟直飞的航班。南亚的很多国家即便是邻国也缺少互联互通，相互间交通非常不方便。非洲也是一样的情况，不少邻国间没有航班，甚至没有公路和铁路连接。去一个非洲邻国，有时需要先飞去巴黎再转机回到非洲。从这一点可以看出，这些国家与宗主国的联系反而比与邻国要深。

中国民间流传着这样一句话："要致富先修路，要快富修高速，要闪富通网路"，一个国家的发展中，民生工程是至关重要的。"一带一路"倡议提出后，很多国家愿意与中国合作，希望搭乘中国发展的"快车"。"中国为什么发展这么快？"这是很多外国领导人的疑问。习近平主席曾经这样回答：中国走了一条符合中国国情的发展道路。西方普世价值观没有助力广大发展中国家实现工业化和现代化，"鞋子合不合适，自己穿了才知道"。

由于能源短缺，巴基斯坦经常遭遇大规模停电

巴基斯坦的能源短板非常明显，特别体现在用电方面。中国朋友来了给开电风扇，这就是很高级的待遇。在巴基斯坦，电很贵，而且经常停电。卡拉奇（巴基斯坦第一大城市）一年有一千多个人被热死。到目前为止，世界上还有 11 亿人没有用上电，其中非洲有 5 亿人，印度有 3 亿人。

从卫星上看夜晚的地球，发现我们并非生活在全球化的"地球村"：只有日本、北美和欧洲发达国家沿海地区灯火辉煌，证明实现了现代化，而在世界的其他地方看不到灯光，依然生活在"贫困的黑暗"之中。

如何让黑暗的地方灯亮起来？佛说，点一盏灯，让世界亮起来。"一带一路"倡议就是给广大的发展中国家点一盏灯，让普通老百姓看得到光芒，让这些国家看到希望。

"难道他们不是我们的兄弟吗？为什么他们生活在连电都没有的

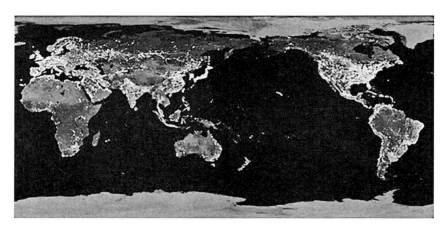

NASA 公布的世界夜晚灯光图

时代里呢?"一个小学,一间小破屋,几百个人挤在一起,席地而坐,连桌椅没有。孩子们的头顶上,蚊子苍蝇满天飞,没有电风扇,热得要命。这是许多国家迄今的生活状态。

习近平主席心系天下,2015 年 9 月在联合国总部提出"智能电网+特高压电网+清洁能源"三位一体的全球能源互联网计划,体现了中国因地制宜、统筹协调、综合施策的中国方案和中国智慧。

我们认识到世界能源分布不均,水能主要集中在中国西南、俄罗斯、东南亚;风能主要集中在中国"三北"、蒙古国、中亚及俄罗斯北部沿海等地区;太阳能主要集中在西亚、中国青藏高原等地区。

因此,构建全球能源互联网,总体分为国内互联、洲内互联、洲际互联三个阶段,力争在 21 世纪中叶基本建成。届时,全球清洁能源比重可提高到 80%以上;全球 CO_2 排放可控制在 115 亿吨左右,仅为 1990 年排放量一半,可实现全球温控在 2℃以内的目标;逐步形成电能主导、清洁发展的能源格局。世界将成为一个能源充足、天蓝地绿、亮亮堂堂、和平和谐的"地球村"。

中国方案源于国内成功实践——"西电东送、北电南供、水火互济、风光互补、跨国互联"的电力发展格局，如果国内没有互联互通，如何实现全球互联互通?!

"己欲立而立人，己欲达而达人。"中国在很多发展中国家眼中，已经"达"了。而现在我们要"达"我们的兄弟国家。在巴基斯坦这样的国家，暴力、贫困、恐怖主义恶性循环，因为贫困导致平民容易被极端思想煽动。"一带一路"倡议与联合国推动落实2030年可持续发展议程不谋而合，中国正在推动以发展为导向的"全球化"，以民生、基础设施、实体经济为发力点。中国的改革开放使得7亿人脱贫致富，现在，中国的"一带一路"建设不以任何政治条件为前提，用资金搞项目，促进相关国家的就业，可以说是"功德无量"。

"中国，中国!"巴基斯坦人会说这两个汉字。中国人来了很多巴基斯坦人都会争着来跟你合影。在那里，人人都知道中巴经济走廊。中巴两国友谊"比喜马拉雅山还要高，比印度洋还要深""比蜜还要甜，比钢还要硬"。这是巴基斯坦人民常挂在嘴边的话。

中巴经济走廊建设是"一带一路"倡议下的旗舰项目，中国正在帮助巴基斯坦补齐能源及基础设施的短板，同时，还帮助当地建造港口、建设开发区。以中国移动公司为例，21个中国年轻人，雇用了3200个巴基斯坦"白领"，公司管理效率很高，大家都很珍惜这份工作。在巴基斯坦，你能体验到"Zong"最快的4G速率。只能说，"厉害了我的国，厉害了我的年轻人"!

（写作于2017年5月）

"一带一路"的张载命题

古人云："以天下之目视者，则无不见；以天下之耳听者，则无不闻；以天下之心思虑者，则无不知。""一带一路"倡议的提出，既是实现中国经济发展模式转型的抓手，更彰显中国"达则兼济天下"的大国担当。

东西方两大文明经过历史上的丝绸之路联系在一起，直至被"奥斯曼之墙"切断，欧洲才被迫走向海洋，以殖民化方式开启全球化，导致丝绸之路衰落，东方文明走向封闭保守，进入所谓的近代西方中心世界。作为东西方文明沟通的桥梁与纽带，阿拉伯文明、波斯文明，推而广之整个伊斯兰文明，随着"一带一路"倡议的提出，也迎来了共同复兴的曙光。

2015 年 11 月第六届世界中国学论坛上，一位阿拉伯学者感慨："多少年来，西方国家在中东地区输出军火与动荡，是为了攫取石油；只有中国带来经济发展合作倡议，我们求之不得！"

"一带一路"可以说承载着 21 世纪的"张载命题"：

为天地立心，就是激活"和平合作、开放包容、互学互鉴、互利共赢"的丝路精神，开创以合作共赢为核心的新型国际关系，探寻 21 世纪人类共同价值体系，建设人类命运共同体。

为生民立命，就是鼓励各国走符合自身国情的发展道路，开展先进、适用、有利于就业、绿色环保的产能合作，推进人类工业化进程，让合作成果更多惠及世界人民，实现各国共同发展与繁荣。

为往圣继绝学，就是实现人类永续发展，各种文明、发展模式相得益彰、美美与共，开创中华文明与各种文明共同复兴的美好前景。

为万世开太平，就是推动人类的公平正义事业，缔造世界的持久和平，实现全球化时代的"天下大同"。

中国工业化经验鲜活——欧美的工业化完成较早，经验借鉴意义不大，"阿拉伯之春"的乱象早已证明，且中国的成功鼓励各国走符合本国国情的发展道路。因此，中国提出与世界各国共建"一带一路"、打造人类命运共同体的倡议，得到世界各国积极响应。

风送驼歌，月留帆影。历史上，骆驼和帆船都是商贸往来和文化交流的象征。今天，"一带一路"在东南亚、南亚、中亚、西亚、中东、中欧等地区形成新的交汇，把亚洲大陆东西两端对接起来，成为打造人类命运共同体的历史契机。

（写作于 2016 年 1 月）

"一带一路"是中国战略吗

第 14 届亚洲安全峰会（俗称香格里拉对话会，简称香会）在新加坡香格里拉饭店开幕前，春秋发展与战略研究院举办"一带一路"专场，吸引了百余名与会者，可谓开创了中国智库借台唱戏、引导大会开展的先河。如此先声夺人，聚焦合作议程，效果甚好。

研讨会伊始，关于"一带一路"是否为中国战略，抑或是兵法，中外与会者辩得不可开交。在英文中，"战略"（strategy）是与军事密切相连的；而中文"战略"是日常用语，与军事无关。这种中外认识差异，典型的例子是"宣传"一词：中文含义正面而英文含义负面，故此老外对中国人把"宣传"一词挂在嘴边常常感到莫名其妙。

因此，从传统意义上说，"一带一路"并非"战略"；但从非传统意义而言，"一带一路"对内可以称为"战略"：发展战略、合作战略，对外则称"倡议"——国际合作倡议——较好，以免引起误解。

不管怎么称呼，"一带一路"将深刻影响中国与世界关系，这是不争的事实。这可以从三个方面理解：

一、中国全方位开放的必然逻辑。首先，改革开放取得巨大成就，也带来重重挑战，集中在一点就是发展模式不可持续，表现在投资居高不下、产能过剩等。其次，中国从全球分工体系中从产业链低端上升到中端甚至高端——如高铁、核能、国家电网和5G通信，中国通过"一带一路"塑造新的比较优势：从劳动力、技术、资本到标准、规则。一句话，"一带一路"是中国全方位开放的必然逻辑——从开放的内涵上来讲："引进来"转向"走出去"，"引进来"和"走出去"更好结合，培育参与和引领国际经济合作竞争新优势，以开放促改革；从开放的广度上来讲：为发展中国西部地区，实施向西、向南开放的战略，形成全方位开放新格局；从开放的深度上来讲，顺应世界区域经济一体化发展趋势，以周边为基础加快实施自由贸易区战略，实现商品、资本和劳动力的自由流动。

二、中国周边外交的升级换代。周边是我国安身立命之所、发展繁荣之基。面对美国"重返亚太"后，以中国与个别周边国家的领土、领海争端为借口，制造中国与周边国家关系紧张与摩擦，恶化中国周边环境。"一带一路"倡议以发展求安全、以安全促发展，跳出这一周边陷阱，推行共同、综合、合作、可持续的新安全观，倡导中国与周边国家共同打造政治互信、经济融合、文化包容的利益共同体、责任共同体和命运共同体，是中国周边外交的时代升华。

三、中国从融入全球化到开创全球化。近年来，美国认定中国是全球化最大得益方，指责中国"搭便车"，曾经加速推行TPP将中国排除在更高标准全球化之外。中国不能指望通过国际接轨、融入全球化解决未来经济发展及国际话语权提升等问题。这就是"一带一路"所肩负的时代使命，因此把欧亚大市场、自贸区建设作为基本目标。

正是从以上三方面说，"一带一路"不能简单称为中国对外战略，而是中国的合作倡议或公共产品。会上，有外国与会者将"一带一路"理解为建基础设施项目，并质疑基础设施并非国际公共产品。其实，"一带一路"着眼于"五通"，包括设施联通，联通的基础设施就是国际公共产品了。既然如此，世界应欢迎"一带一路"。"一带一路"必将让越来越多的世界人民受益。

（写作于 2015 年 6 月）

为什么国内外都有人拿
"一带一路"说事儿

一

　　为什么巴基斯坦、孟加拉国都从"一带一路"中获得几百亿美元投资，而同样友好的邻居尼泊尔却从中国拿不到什么项目呢？2017年1月在加德满都召开的中尼智库对话会上，尼各党派不约而同地抱怨。国内则有另一番疑惑：国内经济面临下行压力，要用钱的地方很多，为何要去投资"一带一路"沿线这些高风险国家？投资"一带一路"会不会打水漂，无法实现经济收益？

　　看来，国内外对"一带一路"都存在不同程度的误解，要么把它当作对外援助，要么把它视为对外撒钱，担心是否引发债务危机，毕竟国内还有许多要用钱的地方：精准扶贫、设施改造等。其实，"一带一路"并非对外援助，其提出从国内背景说，是为了解决改革开放两大问题：解决发展模式的不可持续性问题，以及全球化效应递减问题，因此也标志着中国从融入全球化到塑造全球化，从向世界开放到世界向中国开放的态势转变。从国际背景说，是中国塑造欧亚一体化，巩固大周边依托，推进贸易投资便利化，深化经济技术合作，建立自由贸易区，最终形成欧亚大市场。

"一带一路"也并非简单的中国对外投资。中国经济增长模式正从出口、引资驱动向投资、创新转型，争取产业、行业标准、国际话语权，日显重要。"一带一路"建设充分彰显我国有企业优势及制度优势，正推动中国从靠拼劳动力、资源、资本、技术优势向标准、话语权、发展模式及创新优势转化。印尼雅万高铁之所以中方击败日方胜出，就在于中方绕开了印尼方政府担保的前提，背后都是中国国有银行的支持。中国模式在非洲正大显身手。非洲第一条中国标准跨国电气化铁路，从设计、施工到运营，全都采用中国模式。肯尼亚的蒙内铁路和蒙巴萨港口建设也是如此。

资金从哪里来？基础设施互联互通资金缺口巨大。据《超级版图》一书预测，未来四十年人类基础设施投入超过过去的四千年！因为发达国家基础设施要升级换代，比如要建信息港、数字通关、智能电网、智慧城市等，而发展中国家普遍面临基础设施短板困扰。"一带一路"建设靠中国一家投资是不现实的，必须采取全球融资方式，创新融资模式，公—私合营 PPP 模式为此受到青睐。看到基础设施巨大投资缺口就担心中国去学雷锋、做冤大头，把钱投给"一带一路"项目，大概是本能的反应。

资金往哪里投？投资美日发达国家，固然风险小，但面临投资设限的障碍，长远收益不及"一带一路"沿线国家。风险与收益成正比。着眼发展潜力，占有未来市场，就要投资"一带一路"沿线国家。这些国家普遍处于中国改革开放初期阶段，十分看重中国工业化、城镇化经验。中国的技术市场化能力超强，最能发挥中国投资

"一带一路"沿线国家的潜力。电、汽车都不是美国人的发明，但美国人把欧洲的发明用到极致；今天，中国也把高铁、互联网等并非中国发明用到极致，将来国际高铁标准、5G标准相当程度就是中国标准或中国标准占据重要分量。投资"一带一路"沿线国家和基础设施项目，能源及港口等国计民生工程，有助于增强沿线国家对中国的战略经济依赖，形成与我命运共同体，摆脱对西方的依赖。

"一带一路"着眼于"五通"——以资金、技术优势制定标准：1）产业标准：新基础设施（如5G技术）；2）大宗商品定价权：能源管道；3）国际投资、贸易规则：C-WTO，E-WTO（从商业领域到电子商务领域的世贸规则），在此基础上，推进不断深化与"一带一路"沿线国家标准化双多边合作和互联互通，大力推进中国标准"走出去"，提升中国在全球分工体系中的地位。"一带一路"建设也是中国反对保护主义，在全方位开放中进一步推动投资便利化，打造开放共赢的合作模式，建设包容性全球化，提升中国的国际话语权。因此，"一带一路"建设要算战略账、政治账，而不只是经济账。

面对外国政府更迭频繁，信用缺失，老百姓担心"一带一路"经济效益与安全风险，完全可以理解。但是，评估"一带一路"收益，不能就事论事，要看长远、全局，看关键环节，考虑到大国投资基础设施的历史惯例。再说，规模效应也需要时间积累，比如中欧班列，存在回程空车问题，就是规模不够。

的确"一带一路"有关投资合作项目特别是部分基础设施项目投入资金大、建设周期长、成本回收慢；但从长远看，对提升区域基础设施互联互通水平、造福沿线各国人民具有重大而深远的意义。项目也要区分是战略项目、政策项目还是商业项目：战略性项目是国家担保的，如中巴经济走廊服务于中亚和新疆地区进入印度洋的战略目标，本身是不以赚钱为目标的；政策性项目多为示范工程，如雅万高铁，是国企担保项目，服务于赢得1亿印尼人人心，不能简单以赚钱与否来衡量其价值；而剩余的商业性项目则本身是按照市场原则办的，是赚钱的。部分项目出问题，受耽误，长远和整体看也是在试错，为其他项目和后期项目做铺垫。

总之，遵循"企业主体、市场运作、国际惯例、政府引导"原则，秉持共商、共建、共享理念，"一带一路"建设不是对外撒钱，而是新的长征，是中国在沿线国家的宣言书、宣传队、播种机，将中国与有关国家的合作与友谊拓展与深化，极大提升中国制造、中国营造、中国规划的能力与信誉，提升中国威望。就其地缘经济与战略效应而言，堪称"第二次地理大发现"，正在重塑人类文明史与全球化话语权，体现中国崛起的天下担当。

二

面对"一带一路"热，境外媒体出现了各种唱衰"一带一路"的噪音、杂音，并与国内舆论相呼应，代表性有：

1. 战略透支论/烂尾工程论。"一带一路"将成为世纪烂尾工程，因为资金短缺，债务负担，或国外反对。一些人拿"一带一路"与马歇尔计划相比较，认为美国二战后以 GDP 和黄金储备占世界一半以上的雄厚实力才在西欧搞战后复兴计划，而中国实力还远不及此，就在如此大范围的"一带一路"沿线的落后国家撒钱，不亏本才怪呢。政府更替、政局不稳，的确引发中国高铁、核电走出去不顺，为此提供了口实。

其实，"一带一路"并非中国版的马歇尔计划，其旨在打造开放、包容、均衡、普惠的 21 世纪的区域经济合作架构，补全球化短板，推动全球化从部分全球化到包容性全球化方向发展，不可能功亏一篑。

2. 伊斯兰威胁论。微信圈里曾疯传一篇旧帖，标题是"中巴铁路开建曝出骇人消息：西部将有危机?"。该帖的中心意思是，中巴铁路开通后将导致周边国家的穆斯林人口大量涌入新疆，中国将不堪重负。此帖有点宗教或民族歧视的味道。穆斯林不是铁板一块，更非洪水猛兽。

这当然提醒我们要认真研究"一带一路"的人口问题，但事实情形绝非如此。唐朝皇帝都有鲜卑人后代，开放包容，不是反而成就了中国的强盛吗?

3. 文明冲突论。"一带一路"沿线国家多为文明断裂带、板块交接处，被认为是"不稳定之弧"，蕴含巨大安全风险，将使中国陷入"文明冲突"境地。历史上，中国农耕文化与游牧文化冲突不断，如今走向"一带一路"国家，中国遇到宗教文化、社会法律、习俗民意的巨大反差和严峻考验，一些人基于历史经验唱衰"一带一路"。

其实，应辩证理解"一带一路"建设：很多"一带一路"沿线国家处在欧亚大陆文明断裂带，但是在断裂之外我们也应看到文明的融合。比如阿富汗，处在布热津斯基《大棋局》一书所描绘的文明断裂带，但我们也要看到伊斯兰教、佛教并存的现象，巴米扬大佛就是活生生的例证。因此，既要看到文化、语言的隔阂，比如中国与许多邻国彼此间心理距离远大于沿线国家与西方的距离，也要看到民心相通存在千年之久，共同的历史记忆普遍存在。要挖掘被现代性掩盖的传统性，让历史的记忆在今天形成共鸣。

4. 地缘冲突论。美国是海上霸主，认为海洋是通的，而陆上不通，搞互联互通情有可原。为此，美国的战略考量是鼓励中国建设丝绸之路经济带，一是希望中国陷入阿富汗泥潭，或进入其他地缘板块交接带和文明断裂带而不能自拔，力推"一带一路"与 2011 年美国"新丝绸之路计划"对接，希望中国去稳定阿富汗，最好陷进去。二是挤压俄罗斯地缘空间，引发中俄对抗。俄罗斯的宽轨铁路延伸之处就是其传统势力范围。中国修高铁和其他欧亚基础设施，就是在解构俄罗斯影响力，必将引发中俄冲突，美国可坐收渔利。这样，海上联合日本阻挠中国走向海洋，引导中国走向欧亚大陆与俄对抗，两面夹击，阻止中国挑战美国霸权。

其实，"一带一路"建设，尤其是丝绸之路经济带强调与俄罗斯主导的欧亚经济联盟对接，实现欧亚大陆的互联互通，就是化解地缘冲突的有效途径。

5. 得不偿失论。重点是对中巴经济走廊的质疑：建造中巴铁路穿过世界屋脊，而且又是地震多发带，技术难度极高，即便可能，建造和维护的成本将极其高昂，而这个成本巴方不可能与中国分担；同时，中巴边境及其延伸地区基本没有工业，从目前边贸情况看，流通的商品大多是低端生活用品和简单生产工具，目前的喀喇昆仑公路完全可以承担运输任务，而我国沿海发达地区向巴运送货物自然会选择经济上要便宜得多的海路；中国长期对巴国民实现签证限制政策，而南疆喀什又是新疆安全最敏感地区，开通铁路大规模创造客流，并不符合中国的安全利益；中巴铁路通过巴控克什米尔地区，这是印巴之间有领土争议的地区，冷战时我们建喀喇昆仑公路可以不顾及印度的感受，但在今天，如果我们穿越巴控克区建造铁路，中印关系必将受到极大损害，这不符合中国的南亚整体战略利益。中巴铁路的设想确实不切合实际，不具可操作性。

其实，这只是就事论事，只从中巴经济走廊本身看问题，只算经济账，中巴经济走廊建设不只是修中巴铁路，而是综合工程。这种说法也没有考虑中巴经济走廊建设带来的战略效应和对巴国内脱贫致富的巨大效应。

6. 不可持续论。中国经济下行，国内精准扶贫压力大，一些人便质疑为何不扫一屋而去扫天下，认为"一带一路"经济风险大，不可持续。举例来说，国内高铁只有京沪高铁才赚钱，质疑建设那么多高铁的债务负担，更质疑高铁走出去的必要性。

其实，高铁的正外部性是他们没有看到的，即建设高铁带来的沿线房地产、旅游和相关产业的发展，是西方经济学所忽视的。因此，算"一带一路"账，不能只算经济账，更不能用西方经济学来算。按照经济学家统计，中国只需要 6 千亿美元外汇储备就够了，中国 3 万亿—4 万亿美元外汇储备中的大头都是应用来投资的，这与扶贫开发的钱或国内其他财政投入不是一回事。

三

总结起来，唱衰"一带一路"，除了认知水平未跟上新时代，是用单一学科和过去经验来分析"一带一路"，以偏概全外，还展示出各种唱衰者的灰暗心理，代表性有：

——医生心理

"以一种聪明的方式应用盖伦的策略，就是预言最坏的结果……如果病人死了，医生的预言就得到了验证；如果病人康复了，医生就仿佛创造了奇迹。"路易·N.马格纳（Lois N. Magner）《医药的历史》中这句话，揭示了不少唱衰"一带一路"的学者心理：利用吃瓜群众的担忧，引人注目，显示自己高明。

——算卦心理

利用"一带一路"建设机遇与风险并存心理，算中显得高明，算不中是说你侥幸。美国学者加尔布雷思有句名言"人性永恒的愚蠢就是将莫名其妙的担忧等同于智力超群"。这种算卦心理铸就了这类人的虚荣心，是最大的虚伪。

——士大夫心理

指点"一带一路"，显示自己的冷静、理性，不惜辱骂宣扬"一带一路"正能量之士为鼓吹手。老百姓拿这些人与历史人物比，而他们则通过移情法，混淆视听。

——酸葡萄心理

自己国家没有中国这样集中力量办大事的能力，或者一般意义上说没有中国模式，于是小题大做唱衰"一带一路"，显示自己不参加"一带一路"是正确的，自我安抚作为局外人的心理。

——殖民心理

一些国人迄今仍有被殖民烙印，鸦片战争情结浓厚，不相信中国能搞成"一带一路"——二战结束时美国实力如此超群才在23个欧洲国家搞了个马歇尔计划，中国有几个子儿，能帮64个国家搞经济？推而极致，甚至对中国人带有种族主义歧视，希望中国继续并且永远韬光养晦。更有学者宣称：美国都在韬光养晦，中国为何对外撒钱?!还有些外国人以殖民体系为参照，散播"一带一路"是"新殖民主义"的谬论。

——看把戏心理

一些对华不友好的人巴不得搞不成。如果出了事故，正好安抚他们的阴暗心理。可以说，对"一带一路"建设抱有看把戏心态，唯恐不出问题。

——嫉妒心理

嫉妒那些研究"一带一路"而抛头露面的人，后悔自己下手晚了又于事无补，只能唱衰、攻击相关人、事，发泄沮丧。当然，其中不乏弗洛伊德说的童年记忆，以前的过节，一朝被蛇咬，十年怕井绳，宣称"一带一路"形成绿祸，造成"新五胡乱华"。

当然，要区分善意提醒、客观分析与唱衰的区别，不给质疑者扣帽子，大凡看好中国前途的就看好"一带一路"，反之对中国没信心，用西方为参照系的，往往看衰"一带一路"。当然，"看衰"上升到"唱衰"，还有个过程，最终只是少数执迷不悟之徒。

佛告阿难：汝等尚以缘心听法，此法亦缘，非得法性。如人以手，指月示人，彼人因指，当应看月，若复观指以为月体，此人岂唯亡失月轮，亦亡其指，何以故？以所标指为明月故，岂唯亡指，亦复不识明之与暗，何以故？即以指体，为月明性，明暗二性，无所了故。

《楞严经》里这段话，概括起来就是"智者指月，愚者见指不见月"。习近平主席提出的"一带一路"倡议，背后承载的是人类命运共同体理念，这是"月"，一些人只看到"指"，用一些现实的困难和莫可名状的担忧,吓唬别人,安抚自己。

种种言论还停留在"改革开放主要向美国开放"的阶段,美国没表态,缺乏主心骨,或担心引发与美国的冲突,唱衰"一带一路",甚至认为从盯着西方发达国家到跟穷国混,开放的档次降低了。

有鉴于此,习近平总书记在中共中央政治局第三十一次集体学习"一带一路"时指出,"推进'一带一路'建设,要处理好我国利益和沿线国家利益的关系,政府、市场、社会的关系,经贸合作和人文交流的关系,对外开放和维护国家安全的关系,务实推进和舆论引导的关系,国家总体目标和地方具体目标的关系"。

"大时代需要大格局,大格局需要大智慧。"习近平主席提出"一带一路"倡议就是为经营欧亚大舞台,世界大格局。各种唱衰"一带一路"言论,不能说出发点都不好,但多半就事论事,将个案等同于整体,将"一带一路"视为基础设施工程建设,没有准确、全面理解"一带一路",而是以西方视角、过去经验的臆断,甚至是自我实现的预言,还不自觉配合、呼应了国际上的"一带一路"威胁论,可以休矣。

四

种种"一带一路"威胁论,归根结底是质疑中国企图或怀疑中国知行合一的能力与意志,尤其是一些 NGO(非政府组织)煽风点火,助长了上述担心。比如,"中巴经济走廊"最大交通基础设施项目——白沙瓦至卡拉奇高速公路项目(苏库尔至木尔坦段)开工仪式时，信德联合阵线、俾路支共和党等组织此起彼伏地发动小规模反华游行示威，耸人听闻地说什么巴基斯坦债务负担，受中国控制，缺乏透明度，损害其利益等。中泰高铁一波三折，就有美国支持的NGO在捣乱。保护大象的NGO说，修了高铁，影响大象生活；保护青蛙的NGO说，修高铁影响青蛙迁徙……

越来越多的实例表明，各种势力正行动起来，利用中国积极推进"一带一路"建设的决心，讹上中国，讹上"一带一路"。一些人捕风捉影，不断拿"一带一路"项目——如中泰高铁、斯里兰卡港口建设——说事儿，乘机要挟中国——不一定是当地反对派，很可能是背后的西方势力。尽管中国不搞零和博弈，主张建立新型国际关系，但国外政治就爱拿中国的"一带一路"说事儿，博眼球。

这就需要我们，提出落实"共商共建共享"的路线图，推进机制化建设，通过项目担保、再保险等方式，预防和化解风险。最重要的是，建设"一带一路"要确立持久战思想，不能急功近利，而应步步为营、久久为功，推行类似改革开放的试点推广、循序渐进模式。

形形色色的"一带一路"威胁论反过来提醒我们，一定要坚定信念，坚持"企业主体、政府服务、市场原则、国际标准"，切实贯彻好、实施好"共商共建共享"原则。中国企业要与"一带一路"沿线国家的当地NGO打交道，对"一带一路"带来的好处、机遇不能讲得太满，要留有余地，充分估计各种突发、意外事件，防止少数人绑架"一带一路"项目，毁坏"一带一路"声誉，防止"一粒老鼠屎坏了一锅汤"，成为国内斗争、利益纠纷的牺牲品。

那么，民心为何不通的呢？英国学者安东尼·史密斯在《民族主义：理论，意识形态，历史》中指出："英国人与德国人、法国人没有共同的神话、象征和历史记忆，也没有共同的黄金时代能够用来激起这些国家民众的共鸣。"这才是英国脱欧的根源。

这说明，"一带一路"建设的民心相通之道，不只是加强相互了解，更在于创造共同历史记忆、共同身份、共同的辉煌。

——共同记忆：19世纪中叶，英俄等欧洲列强首先对中国西部边疆实行蚕食政策，掀起了一股以地理考察为名的探险热。1877年德国人李希霍芬提出"丝绸之路"概念，在以后半个世纪中演变成一场对中国历史遗迹和珍贵文物的浩劫，出现一系列所谓中国文明根在西方的"新发现"。背后折射的更深层问题是，欧洲人或者欧洲学界想要指明东方文明源自西方。因为唯独中华文明未被西方征服，足以动摇进入环球航行时代以来的欧洲列强所标榜的"欧洲中心论"。

为此，丝绸之路的复兴，也就是告别"西方中心论"的过程。"一带一路"沿线大部分国家都是前欧洲殖民地，其博物馆、历史文化多靠宗主国以及现在的西方国家建设和书写。这使得这些国家即便是中国的邻居，其民众与西方的心理竟然更近！我们不是与西方打交道，而是与一个西化的世界打交道！

"一带一路"公共外交就是要唤醒这些民众，回到共同记忆。"己欲立而立人，己欲达而达人。"中国考古学者、艺术人士等要走进"一带一路"沿线国家，帮助它们唤醒丝绸之路历史记忆，塑造共同的回忆。中国敦煌莫高窟经验可帮助沿线国家保护、修复其历史文物。中国历史学家、语言学家应帮助沿线国家阐述其历史，告别西方殖民遗产和中心论情结，塑造共同的丝路历史记忆。

——共同身份：我们不是一个个近代西方赋予的民族国家，而是丝路共同体；建设"一带一路"，不是大国崛起，而是文明的共同复兴。走出近代，告别西方中心论，寄希望于塑造共同身份。"一带一路"公共外交的重要使命，就是通过"三体"——利益共同体、责任共同体、命运共同体，塑造沿线国家共同身份，从古代的丝路人到今天"一带一路"人，超越国家与民族隔阂，着眼于整体身份建构。

——共同未来："可以毫不夸张地说，这条交通干线（丝绸之路）是穿越整个旧世界的最长的路。从文化—历史的观点看，这是联结地球上存在过的各民族和各大陆的最重要的纽带。……中国政府如能使丝绸之路重新复苏，并使用现代交通手段，必将对人类有所贡献，同时也为自己树起一座丰碑。"提出"丝绸之路"概念的德国人李希霍芬的学生、瑞典地理学家斯文·赫定在《丝绸之路》一书中如是说。

的确，"一带一路"的名与实都是博古通今、引领未来。共商、共建、共享原则正引领共同的文明复兴和未来发展。只有将各自的未来铆在一起，才能同心共建"一带一路"，共同迎接"一带一路"时代美好明天。从大历史看"一带一路"，就是以丝路精神、命运共同体确立人类道义制高点。

总之，"一带一路"呼唤公共外交转型：从我到我们，从国家层面到共同层面。不能把好经念歪了，这"三共"才是破解中国威胁论、"一带一路"威胁论之道。

五

针对国内外种种疑惑、质疑，对外传播"一带一路"要效仿中国的超高压远程输电绝活儿，打造中继站、辐射网，统筹十大关系：

一是普及性与专业性：要从国内向国际，从大众向精英转变，有针对性、从各学科、领域切实形成理论体系，回答国内外社会关切。将理论与故事结合，说服人、打动人、感染人。

二是综合性与专题性：影响关键少数，抓住核心关切。参照 G20 配套论坛，发掘青年、妇女等与"一带一路"的关系。

三是共同性与差异性：到什么山上唱什么歌，一国一策、一事一策。

四是传统性与现代性：古丝绸之路的三类人，Migrants（难民）、Missionary（传教士）、Merchants（盲人），"一带一路"的新 3M（共商、共建、共享）。

五是中国性与西方性：我们在与西化的世界打交道。帮助沿线国家重塑自己的历史，重塑丝绸之路历史，重塑与中国关系史。

六是政治性与市场性：政府—企业是中国特色市场经济的双引擎，政府传播与企业传播相结合。

七是战略性与倡议性：淡化政治色彩，把"我要说"的宣传变成"他要听"或"他去说"的传播，提升多次传播力。研究"一带一路"的统战。

八是大陆性与海洋性：农耕文明、游牧文明、海洋文明等如何包容互鉴?"一带"与"一路"的关系?

九是国家性与全球性:适当淡化国家性,增强共商共建共享的共同体意识。

十是道义性与利益性:义与利。"一带一路"是要树立正确的义利观,从双赢到多赢,实现共赢。

(写作于 2017 年 1 月)

第二部分
在世界舞台讲"一带一路"故事

亚　洲

丝绸之路经济带为何在哈萨克斯坦提出

为什么在哈萨克斯坦提出丝绸之路经济带呢？

第一个原因，哈萨克斯坦是世界上最大的内陆国家，世界上90%的贸易都是通过海上进行的，所以内陆国家离海洋远，比较落后。除了欧洲以外，没有一个发达的内陆国家。欧洲人开创了全球化，海洋决定了大陆的命运。所以哈萨克斯坦是最大的内陆国家，世界上第九大面积，人口才1700万，没有一条高速公路，最需要互联互通，最需要寻找海洋去做贸易。

第二个原因，哈萨克斯坦领导人纳扎尔巴耶夫原是苏共政治局委员，哈萨克斯坦共和国缔造者，提出光明丝绸之路，180多个项目，最重要的是他一直在上海合作组织里面提倡经济合作。为了呼应哈萨克斯坦，为了推行这个伟大的倡议，习近平主席就选择在2013年9月3日在以纳扎尔巴耶夫命名的大学里提出。

为什么用"丝绸之路经济带"这个概念呢？丝绸之路是历史上存在的，俄罗斯不好反对，而且丝绸之路经过俄罗斯。原来古代的丝绸之路主要做贸易与文化，今天我们不光做这个，还要避免俄罗斯说我们搞地缘政治扩大的担忧，就提出了一个经济带，搞经济合作，所以丝绸之路经济带就是这么来的。

（2016 年 5 月 25—28 日在哈萨克斯坦欧亚大学"一带一路"
论坛上的演讲节选，阿斯塔纳）

"一带一路"助推人类文明共同复兴

首先我想讲一个故事，20年前我还是一个复旦大学学生，我的女友，即我现在的夫人，第一次到我老家去，那是江西的一个小城市。春节前，火车非常拥挤，无法上去，我就把她从窗子推进去，但是进去之后她也没地方待，这就是当时的旅行。后来建了高铁，她才答应我的求婚。

我知道中国的一些邻国可能还面临着类似的交通问题，现在中国修了这么多高铁线路，我们也应该帮助其他的邻国来实现交通便捷、快速回家的梦想。

我主要回答四个问题，什么是"丝绸之路"，什么是"一带一路"，为什么今天要建设"一带一路"以及为什么"一带一路"对世界都有好处。

15世纪奥斯曼土耳其帝国的崛起切断了两千年的丝绸之路，欧洲人被迫走向海洋，导致欧亚大陆文明的衰落。重振丝绸之路成为丝绸之路沿线许多国家的共同梦想。20世纪90年代，联合国开发计划署（UNDP）画了一张大地图，图上有把中国和欧洲联系起来的三条欧亚大陆桥，然而这些都只是写在地图上，没有变成现实。现在我们就是想实现过去提出的"大陆桥"这样一个梦想。

"我们要实现亚欧的互联互通",两年前,习主席在哈萨克斯坦提出了这样的畅想。哈萨克斯坦是全球最大的内陆国,它离任何一个海岸都非常远,没有高速公路也没有高速铁路。所以,我们不仅要修高速公路还要修高速铁路,帮助构建网络空间的联系,至少要连接65个国家。与此同时,中国国内至少有18个省份都可以被连接起来,特别是对中国中西部的省份将会大有益处,比如说新疆,面积占到了中国大陆的六分之一,与8个国家相邻,极具开发潜力。我们应该依靠未来发达的交通体系把新疆与海洋连接起来,与欧洲连接起来。如今,我们已经有了高速铁路、高速公路,可以直接联通内陆省份与欧洲,新疆、云南这些曾经位置偏远的内陆省份也逐渐开始迈向改革的前沿。如果大家看一下中国的地图,会发现在整个亚欧大陆当中有三条经济发展带,第一条始于重庆至新疆联通中亚、俄罗斯然后进入欧洲;第二条是往北走通过蒙古国进入俄罗斯;第三条是从巴基斯坦走到印度洋。除此之外,还有很多其他包括道路、管线在内互联互通的项目,如果这些项目都能够完成,实现一个系统效应,或者说战略和路线图的协同增项,这就实现了亚欧大市场,甚至可以把非洲都包括进来,这就是我们未来的梦想——重振丝绸之路,重振亚欧文明。

到底什么是"一带一路"呢?

我用一二三四五六来概括:

一是一个概念——"一带一路"。

二是两只翅膀:一个是陆上,一个是海上,即丝绸之路经济带、21世纪海上丝绸之路。

三是三个原则：共商（集思广益——利益共同体）、共建（群策群力——责任共同体）、共享（人民受惠——命运共同体）。

四是四个关键词：互联互通（如果把"一带一路"比作亚洲腾飞的两只翅膀，互联互通就是其经络——习近平）、战略对接、产能合作、开发第三方市场（开放合作、和谐包容、市场运作、互利共赢）。

五是五个方向——"五通"：政策、设施、贸易、资金、民心。其中孔子学院为民心相通做出了突出贡献。

六是六大领域——六大经济走廊。中国经中亚、俄罗斯至欧洲（波罗的海）；中国经中亚、西亚至波斯湾、地中海；中国至东南亚、南亚、印度洋。中巴、孟中印缅、新亚欧大陆桥以及中蒙俄等经济走廊。其中，中巴经济走廊注重石油运输，孟中印缅强调与东盟贸易往来，新亚欧大陆桥是中国直通欧洲的物流主通道，中蒙俄经济走廊偏重国家安全与能源开发。

那么，"一带一路"沿线国家为什么能够做到互联互通呢？以中国为起点，新丝绸之路经中东和中亚，一直通到欧洲，这样会有更多国家分享中国发展带来的红利，因此我们要特别强调所谓的"中国模式"。中国人经常说"要想富先修路，要快富修高速"，中国有大量的外汇储备，将其投资到基础设施当中去，这就是中国高铁的效率。中国用十年不到的时间，就修了2万公里的高速铁路，但这样依然不够。即便中国有4万亿美元的外汇储备，但在亚洲基础设施投资方面仍然有8万亿美元的缺口，所以我们需要"PPP项目"，通过公私合营项目来获得更多的钱。

当然这是一个大项目，它有很多的风险，首先是经济风险，因为这是长期大量的投资，有些国家可能还不是世贸组织的成员，有些国家可能还不是市场经济，所以有很大的挑战。还有政治风险，各国内部的不稳定、国际地缘政治的风险以及传统和非传统的安全威胁都涵盖其中。国家边界之间存在很多国际水域，比如说在东亚国家，如果你要在某个国家建大坝，还需要考虑其他国家的感受，从而进行协调；有些国家的法律体系非常复杂，比如说在波兰，欧盟法律、波兰的法律和地方法律同时存在；还有许多非政府组织扮演着非常重要的角色。同时也可能面临道德风险，存在宗教、文化、习俗的隔阂。如果没有很好地沟通联系，人们会否定中国制造、中国建造，使之无法落地生根。

说起来容易做起来难，我们该怎么去实现"一带一路"的构想呢？我想孔子的智慧可以运用于解决问题的过程中——己欲立而立人，己欲达而达人。每个国家都有各自的发展需求，中国的"一带一路"是服务于实现联合国 2030 年可持续发展议程。在基础设施的建设方面："北斗" 2018 年覆盖"一带一路"沿线国家，2020 年会实现全球覆盖，而且不依赖于因特网，这样对于道路建设和远程教育都十分有利，因为某些偏远地区可能还没有通电，这些举措使得贫苦地区的人们也可从高科技中受益。此外，中国的发展经验，有些是成功的，有些不那么成功，我们要与"一带一路"沿线国家分享中国发展的成功经验，规避其错误，特别是避免走"先污染后治理"老路。中国人有"中国梦"，其他国家人民也有自己的梦，所以"一带一路"就是为了帮助其他的国家来实现它们的梦想，实现沿线国家共同的繁荣和文明的共同复兴。

全球金融危机爆发后，中国对世界经济的贡献平均达三成，是排名第二位的美国的两倍。作为实体经济投资的一种方式，关注基础设施建设，推动实体经济的发展，"一带一路"将会成为世界经济复苏的引擎。"一带一路"沿线国家的 GDP 只占到了世界经济的 29%，人口占到了全世界的 63%，所以还有很大的发展潜力。

总结起来，我想"一带一路"主要是希望实现全球的繁荣。在"后危机时代"，在穷国和富国之间、东西方间存在巨大差距，甚至一个国家内部的差距都是显著的，这必然会导致很多风险，"一带一路"即是要实现全球再平衡。如果从这张地图上来看，今天有数十亿计的人在搞现代化，但是仍然使用数百年前欧洲所开发的航路和标准。如今电子商务发展迅速，所以在大西洋和太平洋之间的现存贸易航路就不够了，很多过去的设施都需要进行再建设，例如巴拿马都希望对老运河进行改造和升级，因为这个运河还是一百多年前美国人开凿的。

我们看"夜晚的世界"，只有那些生活在日本、北美和欧洲这些国家的沿海地区灯火辉煌，证明实现了现代化，而在世界的其他地方卫星看不到灯光，依然生活在"贫困的黑暗"之中，所以"一带一路"就是要让所有人在晚上都有电，见到光，这就需要工业化。按照世界银行数据，当今世界八成的产出来自于沿海地区的一百公里的地带，这种"全球化"是"部分全球化"，我们还需要更多的互联互通，助推人类文明的共同复兴，打造更包容的全球化。

谢谢！

（2015 年 4 月 8—9 日参加土耳其马尔马拉基金会举办的"欧亚经济峰会"，并作"'一带一路'助推欧亚文明复兴"的发言，伊斯坦布尔；2015 年 12 月 7 日全球孔子学院大会闭幕演讲"'一带一路'开创人类文明共同复兴新时代"）

求知，哪怕远在中国

"一带"是指陆上的，"一路"是指海上的。海上本来就开阔的，修什么路哇！这是笔者在国外讲"一带一路"时常遇到的问题。

看来，"一带一路"要超越修路造桥的角度理解。在中文里，路是与道联系在一起的，道是什么呢？

《古兰经》里有句话："真主让我们走上正确的道路"，"一带一路"的路就是真主说的正确的道路！

大家还记得那句圣训吧：求知，哪怕远在中国。"一带一路"就是中国最大的学问了！在中国古代海上丝绸之路起点站福建泉州市，有座海外交通史博物馆，门口摆放摩洛哥大航海家白图泰的雕塑，一进去墙上就写着这句圣训。

各种古老文明思想是相通的。比如，《古兰经》里也有类似人类命运共同体的思想，大意是，人啊！我确已从一男一女创造你们，我使你们成为许多民族和宗族，以便你们相互认识。也就是说，"不同"是这些不同的民族和部落了解彼此的动力，而不是冲突的原因。

在中国，人们想到伊朗就想到波斯文明。"一带一路"助推各种文明共同复兴，共同开创人类新文明。无论从历史文化还是经济地理角度讲，伊朗都是"一带一路"建设的重要合作伙伴。自从古丝绸之路从陆上衰落后，欧洲人开启海洋时代，致使欧亚大陆的古老文明纷纷衰落，甚至被欧洲殖民。许多欧亚大陆国家，包括联合国教科文组织、联合国开发计划署，都提出丝绸之路复兴计划，中国是最晚提出丝绸之路复兴计划的国家之一，激活了所有这些丝路梦，包括伊朗的"铁路丝绸之路"构想。2011 年，伊朗称开始启动将伊朗铁路线通过阿富汗、塔吉克斯坦和吉尔吉斯斯坦三国同中国铁路线连通的计划。这条铁路线被外界称为"钢铁丝绸之路"，或"丝绸铁路"。

2008 年，联合国开发计划署（UNDP）发起"丝绸之路复兴计划"。该计划由 230 个项目组成，执行期限为 2008—2014 年，投资总额 430 亿美元，目的是改善古丝绸之路等欧亚大陆通道的公路、铁路、港口、通关等软硬件条件，使 2000 年前的丝绸之路重现辉煌。俄罗斯、伊朗、土耳其、中国等 19 国参加，拟建立 6 条运输走廊，包括中国至欧洲、俄罗斯至南亚，以及中东铁路和公路的建设体系等。

无论从古代丝绸之路还是今天的"一带一路"而言，值得一提的是伊朗举足轻重的地位。"丝绸之路经济带"战略分为三条线路：即以亚欧大陆桥为主的北线（北京—俄罗斯—德国—北欧）、以石油天然气管道为主的中线（北京—西安—乌鲁木齐—阿富汗—哈萨克斯坦—匈牙利—巴黎）、以跨国公路为主的南线（北京—南疆—巴基斯坦—伊朗—伊拉克—土耳其—意大利—西班牙）。甚至有人提出中亚高铁（从乌鲁木齐出发，经乌兹别克斯坦、土库曼斯坦、伊朗、土耳其到德国）设想。伊朗都是连接中东、南亚及"一带"与"一路"的关键节点国家。

伊朗驻华大使马赫迪·萨法里认为,由于伊朗在"一带一路"的角色和位置都相对处于核心地带,丝绸之路经济带的建设可以从中国的西部开始,穿越中亚国家,到达伊朗。并从伊朗开始,向三个方向继续延伸:向南覆盖波斯湾国家并穿过公海到达欧洲、拉丁美洲和北美洲地区;向西通过伊拉克和叙利亚到达地中海进而延伸到地中海周边和欧洲疆域;向东穿过阿富汗、巴基斯坦、印度等南亚次大陆国家。伊朗对与中国的全方位战略合作非常期待。①

实现伊朗与中巴经济走廊的联动发展,实施战略对接和陆海联通,推进国际产能与装备制造合作,为中伊合作建设"一带一路"指明了方向。

(2016年2月24日在人大重阳金融研究院与伊朗政治与国际问题研究院共同举办的中伊"一带一路"智库对话上的发言,原题为"'一带一路'引领中伊文明共同复兴")

---

① 中国人民大学重阳金融研究院编:《欧亚时代——丝绸之路经济带研究蓝皮书2014—2015》,中国经济出版社2014年版。

中巴经济走廊的一二三四五

只知道中巴经济走廊（CPEC），不知"一带一路"！这是笔者率外交部南亚"一带一路"宣讲团在巴基斯坦的发现。"那些对中巴经济走廊说三道四的家伙连 ABC 都不知道！"巴基斯坦中巴经济走廊委员会、社会发展部负责项目官员告诉代表团。的确，尽管所到之处，巴基斯坦人对我们热情友好，纷纷要合影，但只是关心中巴经济走廊对巴带来哪些好处，担心中国贷款利率过高、是不是给巴留下还不起的债务、是否雇当地人、环境影响等等，显示巴基斯坦舆论的混乱——71 家主流媒体绝大部分是非官方的，一些背后还有印度的投资。当代表团告诉媒体朋友，巴基斯坦有中巴经济走廊官方网站（www. cpec. gov. pk）对这些问题都讲得很清楚时，他们都傻眼了。

伊斯兰堡战略研究所是巴基斯坦外交部旗下的智库，希望能准确引导巴方对"一带一路"和中巴经济走廊的认识。

中巴经济走廊（CPEC）是李克强总理于 2013 年 5 月访问巴基斯坦时提出的。初衷是加强中巴之间交通、能源、海洋等领域的交流与合作，加强两国互联互通，促进两国共同发展。该条经济走廊起点位于新疆喀什，终点在巴基斯坦瓜达尔港，全长 3000 公里，北接"丝绸之路经济带"、南连"21世纪海上丝绸之路"、贯通南北丝路关键枢纽，是一条包括公路、铁路、油气和光缆通道在内的贸易走廊。中巴经济走廊被称为"一带一路"的"旗舰项目"，外交部长王毅曾表示："如果说'一带一路'是一首惠及多个国家的交响乐的话，那么中巴经济走廊就是这首交响乐甜蜜的开场曲。"

2015年4月，中巴两国政府初步制定了修建新疆喀什市到巴方西南港口瓜达尔港的公路、铁路、油气管道及光缆覆盖"四位一体"通道的远景规划。中巴两国将在沿线建设交通运输和电力设施，计划于2030年完工。4月20日，习近平主席和巴基斯坦总理纳瓦兹·谢里夫举行了中巴经济走廊5大项目破土动工仪式，并签订了中巴51项合作协议和备忘录，其中超过30项涉及中巴经济走廊。比如《中国国家铁路局和巴基斯坦铁道部之间关于ML1升级和巴基斯塔铁路赫韦利扬干散货中心的联合可行性研究的框架协议》《拉合尔轨道交通橙线项目商业合同》《喀喇昆仑公路（KKH）升级工程第二期（赫韦利扬至塔科特）、卡拉奇至拉合尔高速公路（KLM）、瓜达尔港东湾高速公路以及瓜达尔国际机场项目的谅解备忘录》等。

中巴经济走廊的重大项目如下：

1. 卡西姆港燃煤电站项目

2. 萨希瓦尔燃煤电站项目

3. 喀喇昆仑公路二期改扩建工程（哈维连至塔科特段）

4. 卡拉奇—拉合尔高速公路（苏库尔至木尔坦段）

5. 瓜达尔港建设与运营项目

6. 巴基斯坦ML-1号铁路干线升级与哈维连陆港建设项目

7. 卡洛特水电站

8. 拉合尔轨道交通橙线

中国国内也对中巴经济走廊有误解，清华大学李希光教授与退休外交官毛四维就进行过争论，引发广泛关注。争论的焦点有三：一是巴基斯坦恐怖袭击频发，值得去投资吗？二是巴基斯坦是伊斯兰国家，与新疆接壤，互联互通导致穆斯林极端分子更容易进入新疆，造成新五胡乱华？三是巴基斯坦是我们的铁哥们，会不会无条件援助它？受巴媒体误导，误传在瓜达尔港投资 460 亿美元。

其实，瓜达尔港被称为是中巴经济走廊的旗舰项目，总投资额为 16.2 亿美元，包括修建瓜达尔港东部连接港口和海岸线的高速公路、瓜达尔港防波堤建设、锚地疏浚工程、自贸区基建建设、新瓜达尔国际机场等 9 个早期收获项目，预期在 3—5 年内完成。中国拥有该港 40 年的运营权。

中巴经济走廊的内涵和走向，可用一二三四五来加以概括：

一是一个走廊：中巴经济走廊，这是"一带一路"六大经济走廊的旗舰走廊。

二是两个国家：中巴友谊的象征，也是升华。

三是三个阶段：早期阶段（2013—2020 年），重点是能源、基础设施，这是工业化前提，好比建房子打地基；中期阶段（2021—2025 年），工业化起飞阶段，好比建造大楼；长期阶段（2025—2030 年），文化、金融、旅游、贸易、工商业、运输等内容，好比建筑内装修。巴方已基本完成走廊长期规划。

四是四个支柱：能源（电力等）、基础设施（公路、铁路、航路、油路、信息高速公路等）、港口（瓜达尔港）、开发区。

五是五大效应：一是中巴合作示范效应：激励更多国家学习中国

模式;二是产业转移效应,实现亚洲崛起第三波:"四小龙"—中国—南亚;三是南北平衡效应:连接欧亚大陆与印度洋,实现"一带"与"一路"交汇和南北大平衡,实现地缘政治—地缘经济—地缘文明逻辑转移;四是大南亚区域合作效应:通过中巴阿、中巴印等三方面合作,实现中巴经济走廊溢出效应,服务于发展—安全—治理三位一体的大南亚区域合作,在此基础上吸引英国等域外国家参与,形成国际合作示范;五是全球治理效应,尤其中阿巴务实合作,解决长期贫困—部落暴力—恐怖恶性循环的局面,这也反衬出为什么联合国两次在阿富汗问题决议中写进"一带一路"。

孔子曰:"己欲立而立人,己欲达而达人。"中国承接了上一轮全球化和亚洲工业化的巨大好处,"达人"首先要达"巴铁",帮助巴基斯坦实现工业化,实现国家治理能力与治理体系现代化,中巴经济走廊就承载着这一使命。中巴经济走廊是"一带一路"的旗舰走廊,承接中国产业链延伸,帮助巴实现腾飞梦,并以发展促安全,将美西方宣传的"问题国家"打造为新兴国家,增强巴治理能力与治理体系现代化,抵消西方抬举的印度民主模式,突出习近平主席提出的"'一带一路'是亚洲腾飞的两只翅膀,互联互通是其血脉经络"思想,共同打造中巴命运共同体。

总之,要从人类工业化进程和命运共同体高度,全面看待"一带一路"与中巴经济走廊的关系,准确把握中巴经济走廊的战略意义。

(2017 年 3 月 24 日在伊斯兰堡战略研究所的演讲)

为什么说"一带一路"是
世界最大的民生工程

我先讲几个故事来说明。第一个故事是我们去巴基斯坦的时候，看到巴基斯坦人民见到中国人就拥抱合影，对中国非常友好，我作为一个中国人感到十分自豪。在 20 世纪 60 年代，中国帮巴基斯坦修了喀喇昆仑公路，从新疆的喀什一直修到了伊斯兰堡。在海拔几千米高的地方修路极其艰难。对此，巴基斯坦朋友感动地说，我们的友谊像喜马拉雅山一样高，像印度洋一样深。如今，对于中巴经济走廊的建设，他们说两国之间的友谊会比蜜还要甜，比钢还要硬。所以"一带一路"就是要点一盏灯，让世界人民看到光明。当然，"一带一路"建设不是简单的对外援助，沿线国家不仅接受中国发的"红包"，将来也会给中国发"红包"。中国大量的产能会走向这些国家，给他们创造就业机会的同时，也给我们的公司带来巨大的利润。"一带一路"就是要培育沿线国家的经济增长点，同时给中国的经济发展带来持续的增长空间。

另外一个故事是我们在非洲做调研的时候，了解到非洲现在 5 亿多人还没有用上电。他们以前买 iPhone 的手机，不仅很贵，而且非常耗电，而他们两三天才能到城镇里面去充一次电。后来，传音手机来到非洲，非洲朋友发现传音手机的电量可以用好多天，待机时间很长，价格也比 iPhone 便宜很多，而且多卡多带，照相有美白功能，非常喜欢。"一带一路"的关键就是基础设施的互联互通，我们在非洲建设"三网一化"工程，即高速公路网、高速铁路网、区域航空网、基础设施的工业化。整个非洲搭上了"一带一路"的快车。非洲人民到中国来，不再是要援助了，而是招商引资。这些都是在学习中国改革开放的经验，脱贫致富的经验。现在有三句话在非洲很流行，就是中国人常讲的"要致富先修路，要快富修高速，要闪富通网路"。可以说，非洲是"一带一路"合作里最容易出亮点的，充满希望的大陆。

最后一个故事回到中国，我们知道古代的丝绸之路给我们带来了番茄、石榴、胡椒，那么今天的"一带一路"会给我们的生活带来哪些变化呢？我们知道，飞机运输价格很贵，而海上大规模的运输周期非常长，现在中欧班列开通以后，老百姓的生活更加便捷了。比如在郑州，我们发现超市里德国、比利时的啤酒，居然比我们在当地买还要便宜。那是因为超市直接从中欧班列的物流中心买，是批发价，而我们在欧洲当地买的是零售价。郑州现在有像在北京后海那样非常洋气的酒吧，很多外国朋友也愿意在郑州生活了，郑州人也可以享受到更多"一带一路"带来的好处。所以，"一带一路"不仅是造福沿线各国人民，也造福于我们中国人。

"一带一路"是世界上最大的民生工程。"一带一路"建设将资金投向实体经济、基础设施和民生，让沿线发展中国家可以更多地实现弯道超车，让世界看到光源。这是我们的担当，也是我们经济发展的机会。为人民服务，为"一带一路"的人民服务，这也是"一带一路"的精髓。

（2017 年 3 月 29 日在阿富汗外交部的演讲）

正视柬埔寨对"一带一路"的十大担心

2015 年 12 月 21 日，笔者应邀赴柬埔寨参加由金边皇家大学（RUPP）与中国驻柬使馆共同举办的"'一带一路'及其对柬埔寨的启示"国际研讨会，柬埔寨副首相索农、国务部长兼商务部部长孙占托等柬高官以及中国驻柬埔寨大使布建国出席开幕式并做主旨演讲。来自越南、印尼、中国、泰国等东盟国家的 30 余名学者和在柬中资企业如华为、中国银行等 200 余名代表参会。

会上，东盟各国普遍对"一带一路"积极响应，担心不抓住机遇就会被边缘化，但具体问题上，由于了解不够或先入为主，存在这样或那样的问题。概括起来，就柬埔寨而言，对"一带一路"有十大疑问或担心：

一、能否让柬埔寨国内先互联互通，再与"一带一路"项目联通？柬竞争力差，本国仍不通，怕被落下。柬人民太穷，怎么能接受先修路、再付费过路呢？

二、穷国是否只是作为"一带一路"的过道或洼地，或规则接受者，受益不多？如何分担权益与风险？

三、柬从哪对接、怎么对接？幸亏有了亚投行、丝路基金，否则柬更不知道"一带一路"有什么抓手。但问题是，丝路基金那些钱是谁的？柬没贷款能力，中国会无偿贷吗？柬埔寨最高国家经济委员会（Supreme National Economic Council）资深顾问 Mey Kalyan 问，能否申请丝路基金用于国内基建？"一带一路"建设成本高，收效慢，柬选举政治周期怕等不及啊。

四、是否削弱东盟的主导作用？是否导致东盟倡导的 RCEP（区域全面经济伙伴关系）被虚化？"一带一路"着眼于跨国、跨洲互联互通。柬埔寨先参与东盟的互联互通计划，再通过东盟与"一带一路"对接较放心。

五、如何尊重柬埔寨国内社会习俗？柬埔寨国内华人比例才一成左右，浙江商会等再活跃，终无法进入高层，影响当地社会走向能力有限。中国人在柬人脉仍然不够广、根基仍然不深，如何让走进柬埔寨的中资企业尊重柬埔寨社会习俗，受当地民众欢迎，任重而道远。

六、柬有中国输出革命的恐惧记忆，现在搞互联互通，是否又有利于中国输出模式、干涉柬内政？会上，柬埔寨合作与和平研究所执行理事 Pou Sothirak 大使对 2012 年柬任东盟轮值主席时由于中国的压力而使东盟峰会史上首次未发布联合声明耿耿于怀，公开抱怨中国损害柬外交自主性，声称"小国也是有原则的，大国应该尊重"。当时中国直接警告柬，南海是中国核心利益，中国绝不会让步。他因此得出结论：东盟为中国核心利益让步。笔者回应：你们指责中国不让东盟峰会声明谈南海，是因为中国与东盟并无领土、主权权益争端，只是与东盟一些成员国有争端，这是保护东盟啊！你们怎么不指责谁让东盟峰会声明塞进南海争执的呢?！

七、能否对柬转让技术？华为公司在柬埔寨发展迅速，不少柬埔寨人希望其能转让专利（know-how），效仿日本索尼、韩国三星等企业，甚至应该比它们做得更好。

八、基建项目对环境影响如何？柬埔寨经济发展迅速，担心落入中国式"先污染后治理"的窘境。尽管中国官方承诺建设"绿色丝绸之路"，但承诺容易，落实起来难。中国企业并不一定按照官方要求行事。

九、是否雇用当地人？柬埔寨人教育水平、技能跟不上怎么办？会上，新加坡学者提醒，机器人革命导致劳动力密集国家只有十五年机遇了。柬埔寨学者心急如焚，抓不住机遇将来怎么办？柬缺乏像中国的国企，中小企业如何从产业链低端向高端迈进？

十、是否会引发中日和中美间的竞争与角逐？小国如柬埔寨难在巨人间跳舞，难哪！担心成为地缘政治牺牲品。柬官员表示，日本对柬很好，"一带一路"来了是否会挤掉日本市场？会上，越南学者妄称，"一带一路"是中国抵消美日影响、称霸亚洲的战略，会导致"中国主导、东盟围绕中国转"这种类似美国辐辏（hub-spoke）的亚洲秩序。柬埔寨学者对此回应，随着"一带一路"建设推进，担心柬将来更加依赖于中国，不安全、不踏实，主张"有限追随中国"（limited bandwagon to China），希望加入 TPP 以平衡中国影响，显然得到了新加坡学者的点拨。

针对种种疑问，笔者表示，"一带一路"就是一个地区、国际经济合作倡议，你们是不是受西方影响，想得太多了?！说中国"一带一路"倡议是想帮助你们发展，你们不相信——中国有那么好吗？说中国有推动经济转型和增长的考虑，你们又说——把我们当作你解决产能过剩的工具啊！你要中国怎么做、怎么说是好？

看来，柬埔寨人的心理是矛盾的：既想抓住"一带一路"机遇，又担心抓不住、抓不好，或抓住了又带来种种影响，显示柬埔寨开放但缺乏自信。

所幸，这些担心或顾虑并不意味柬埔寨人不欢迎"一带一路"，也并非官方看法，只是代表了受美国影响大的部分学者的认识，直白表明了柬埔寨年青一代担心中国的战略企图，对中国有不放心一面。有鉴于此，笔者发言甫一结束，便测试在场的柬埔寨人——如果认为"一带一路"对柬埔寨不好的，请举手，结果没有一个人举手。这说明，如果没有"一带一路"，类似担心可能也有，关键是"一带一路"如何一开始就引以为戒，逐步消除这些担心。

现任柬埔寨首相洪森是资深政治家，明白事理，对华友好，但后继乏人。如何培养知华、友华中生代政治家？执政的人民党地位不如以前那样具有垄断优势。柬埔寨经济发展快，非常开放，八成流通货币是美元，受美国影响大。柬埔寨1500万人口，竟有5000多个NGO（非政府组织），是人均NGO最多的国家之一，许多地方政府的权威尚不及NGO。如果帮助某个地方修一条公路，保护猴子、大象甚至青蛙的NGO纷纷出来抗议，办好事都难。柬埔寨学者会上表示，中国人通常与柬埔寨官方打交道，不接地气，不了解柬基层情况，投资不针对基层需要，这样无法在柬埔寨立足。

的确，西方人走出去，通常是传教士先行，商人如影随形。传教士学习当地语言，了解当地文化习俗，从事医疗卫生、教育扶贫先赢得当地民心，才打开局面的。相比，我们走出去较为缺传教士精神，缺语言人才，缺奉献和耐心。

柬埔寨是世界上的穷国之一，经济基础薄弱，没有一条高速公路,理应欢迎中国的"一带一路"倡议,但近些年受西方民主政治影响,社会二元结构明显——经济是发展中国家的、思想意识有深刻的西方烙印,这是"一带一路"沿线国家较普遍的情形。笔者常常感慨,我们是在与一个西化的世界打交道!"一带一路"建设无法绕开西方。会上,笔者以欧洲尤其是英国积极参与"一带一路"建设为例,很能打动他们。笔者介绍了"一带一路"的总体构想。听完后主办方旋即提出要将笔者专著《"一带一路":机遇与挑战》英文版翻译成柬文出版,折射出柬埔寨社会希望更多直接了解中国的现状。

中国成为柬埔寨第一投资国,作为"一路"的示范工程——西哈努克港口建设,已经在激励柬埔寨人抓住"一带一路"机遇。我们有理由相信,只要我们认真贯彻丝路精神,贯彻正确的义利观,对柬埔寨这样的国家多予少取,将"一带一路"置于联合国后发展议程中,一定会在柬埔寨树立样板与口碑。

柬埔寨的上述担心,具有一定的代表性,尤其表达了东盟弱国、小国的心态,必须予以高度重视。柬埔寨是中国的传统友好邻邦,尚且有那么多担心、疑惑,说明我国"一带一路"建设首先要实现"民心相通",要多倾听、解释,真正做到共商、关建、共享。

(2015 年 12 月 21—22 日参加金边皇家大学与中国驻缅甸大使馆合办的"'一带一路'及其对柬埔寨的启示"国际学术研讨会,金边)

"一带一路"如何照顾周边国家感受

　　周边是我国安身立命之所，发展繁荣之基。近年出访周边国家时，习近平主席曾提出，"一带一路"倡议的首要合作伙伴是周边国家，首要受益对象也是周边国家。"一带一路"从周边发力，早期收获也要抓住周边。"中国愿意为周边国家提供共同发展的机遇和空间，欢迎大家搭乘中国发展的列车，搭快车也好，搭便车也好，我们都欢迎。"

　　贯彻落实习近平主席"一带一路"外交思想的关键问题是，"一带一路"建设如何做到知行合一？换言之，如何将共商、共建、共享原则贯彻落实到全过程？考验尤其集中在中国周边国家。俗话说，相处时间长了，难免有磕磕碰碰的时候，中国与周边个别国家历史遗留问题仍然没有解决，正如中印边界对峙，已经在干扰"一带一路"建设。

　　日前赴泰国清迈市参加中国驻清迈总领事馆、清迈大学、清莱皇太后大学共同举办的"'一带一路'与大湄公河次区域合作——澜湄走廊，智慧崛起"的国际研讨会，对此更有体会。闭幕式上，泰国人委婉提醒中国，"一带一路"要顾及东盟国家感情（sentiment），不只是关切（concern），对笔者触动颇大。

更一般地说，"一带一路"建设如何充分顾及周边国家与中国在生产、生活、思维方式的兼容问题？

一是生产方式：澜沧江—湄公河，同一条河流，不同的名字，起源于青海，流经中国、老挝、缅甸、泰国、柬埔寨和越南，于越南胡志明市流入南海，充分展示了中国与沿线国家同饮一江水的命运共同体。然而，中国已经从农业大国转变为工业—信息大国，老缅柬等沿线国家仍然是较穷的农业国家，担心农业被工业摧毁，泰国情形更复杂，但也总体上如此，故而泰国前首相英拉"大米换高铁"计划搁浅。泰国、越南等东南亚国家的南北差异十分明显，南部靠海受西方影响大。清迈研讨会上，克拉地峡问题从未被提及，也是这个原因。

二是生活方式：中国人劝说：清迈到曼谷，现在火车要十小时，采用中国高铁只要两小时。泰国人则回应：十小时我有充足时间考虑去曼谷干什么，如缩短为两个小时，还没想好就到了，究竟为了啥嘛！看来，对"一带一路"态度，不仅是对中国态度折射，也是对现代化态度折射：现代化真的好吗？"一带一路"尤其高铁影响世界生活方式大问题，要好好研究。

三是思维方式：法国历史学家托克维尔鲜明地指出："小国的目标是国民自由、富足、幸福地生活，而大国则命定要创造伟大和永恒，同时承担责任与痛苦。"周边小国对中国有大象踩蚂蚁心理：大象抬脚就可能踩死蚂蚁——把自己比作蚂蚁，因而不得不拉着日美平衡中国影响。更何况历史上泰国是东南亚里唯一未被西方殖民的国家，十分看重国家的独立自主性。在许多问题上，泰国态度不明朗或反复都是常态，中国不能逼着泰国表态，要设身处地从对方角度考虑，绝对不能自认为好就紧逼不舍。

与此同时，周边国家对"一带一路"态度正如对中国崛起态度一样，仍然很矛盾，毕竟"一带一路"是新生事物，中国崛起打破了原有格局。有一个新加坡学者在发言时就质疑中方现在是"Norm taker or norm maker"（规则接受者还是制定者）。他们当然希望中方是 taker（接受者），但他们自己认为这也不现实。她指出中方在影响周边国家改变规则方面的影响力越来越大。她举例说，因为中国，日本在提供贷款方面的条件不得不发生改变，如不再要求提供主权担保。周边国家大都自尊、敏感，任何一点大国沙文主义都令其反感、抗拒。在周边推进"一带一路"倡议确实需要考虑他们的心态和舒适度，拿捏好分寸，控制好节奏，否则可能会欲速则不达。

针对周边国家的疑虑，中国驻清迈总领事任义生以"连心桥"来总结：研讨会是泰北地区共建互利共赢经贸伙伴关系、分享中国机遇的"邀请函"，是加强创新合作、促进人文交流的"连心桥"。笔者深感认同，希望类似这样的沟通纵向上能连接过去、现实、未来，助推周边国家的生产、生活、思维方式平稳转型，更好适应乃至引领世界之变；横向上连接周边国家之间、周边国家与中国、周边国家内部及域外国家的心灵。毕竟，民众的安心、放心、舒心是"一带一路"落地生根的前提。笔者参加不少使馆举办的"一带一路"研讨会，领馆举办的还是第一次，证明"一带一路"加强地方合作、民众沟通的必要，钦佩清迈总领馆的政治担当。

看来，"一带一路"涉及生活方式、生产方式、思维方式的协调问题。周边是"一带一路"早期收获的首要地区。丝绸之路精神在周边的落地体现在亲诚惠容外交理念上。共建"一带一路"，让周边外交有了抓手。中国希望与周边国家共同努力，加快基础设施互联互通，加快沿边地区开放，深化沿边省区同周边国家的互利合作，塑造互信、互利、平等、协作的新安全观，巩固和扩大我国同周边国家关系长远发展的社会和民意基础，更好地培育周边国家间的命运共同体意识。这些美好想法要付诸实施，必须充分考虑到周边国家的二元性——沿线国家经济基础是发展中国家，上层建筑往往搞发达国家那套；复杂性——有些甚至现代国家还未建起来，地方部落影响可能超过地方政府；矛盾性——地理近，心理远：传统上是"中泰一家亲"，现实上泰国是美国的非北约盟国。一句话，要照顾周边国家的感受，不仅结果上而且过程上都要做到合情合理，这是"一带一路"在周边国家落地生根的巨大挑战。

（2017年9月1日，参加中国驻清迈总领事馆、清迈大学、清莱皇太后大学共同举办的"'一带一路'与大湄公河次区域合作——澜湄走廊，智慧崛起"的国际研讨会，清迈）

对接"一带一路"，尼泊尔还在顾虑啥

"一带一路"对内陆国家、欠发达国家尤其带来福音。这是笔者正在南亚巡讲的基调，得到首站尼泊尔上上下下的广泛认同。尼泊尔有成为"亚洲瑞士梦"、发展中国家梦——从最不发达国家（LDC）变成发展中国家，"一带一路"为尼泊尔带来圆梦希望。

然而，普拉昌达总理来华访问，并没有如舆论预期的准备签署中尼共建"一带一路"的政府间协定（MOU）。这与尼热情拥抱"一带一路"的印象形成鲜明反差。

当晚即乘机前往海南出席博鳌亚洲论坛，临行前普拉昌达总理专门就尼如何抓住"一带一路"机遇听取笔者建议，并接受笔者所赠的"一带一路"专著英文版。笔者表示，尼泊尔对接"一带一路"有三大优势：历史文化优势——尼泊尔蓝毗尼是佛祖释迦牟尼诞生地，以"佛教之路"和"阿尼哥之路"为代表的文明交往源远流长，尼有望成为文明对话的中心之一；区域合作优势——尼泊尔是南亚区域合作联盟秘书处所在地，在推动南亚地区对接"一带一路"方面具有区位优势，有望成为区域合作的中心；减贫发展优势——"一带一路"已进入联合国2030年可持续发展议程，尼泊尔属最不发达国家之一,发展潜力巨大,有望成为区域减贫示范的中心。

普拉昌达总理不停点头,表示晚上飞机上就看笔者的书。为何拥抱"一带一路"停留在口头,难道尼泊尔口是心非?对接"一带一路",尼泊尔还在顾虑啥?

一是没有准备好:内政的制约。尼泊尔正在修宪,5月14日"一带一路"国际合作高峰论坛召开之际要举行议会选举,对尼泊尔从"一带一路"中得到什么好处,如何解决相对于中国的贸易逆差,希望中方技术转让等问题,还在纠缠。政党林立、民意混乱,这就是尼泊尔的内政。

二是没有胆量:印度的制约。印度反对"一带一路",尤其是中巴经济走廊,担心中方提出的中尼印经济走廊是从东边包围印度,故此以油气制裁、经济制裁以及煽动尼印边境马泽西人独立为要挟,反对中尼共建"一带一路"倡议中提及的中巴经济走廊、孟中印缅经济走廊(尼泊尔想加入)、中尼印经济走廊。

看来,要建立与周边国家的命运共同体,周边国家命运首先要掌握在自己手里。尼泊尔经济不设法独立自主,外交上就只能任凭印度、美西方干涉其内政,无法真正拥抱"一带一路"。但是,尼泊尔生怕搭不上"一带一路"快车,焦躁心理着实让人着急。要解决尼后顾之忧,解决印度卡脖子问题,仍然有很长的路要走。喜马拉雅再次成为中尼合作的纽带,"一带一路"再现佛教之路的辉煌,仍有待时日。

(2017年1月17—18日参加中尼智库对话并做专题发言"'一带一路'助推中尼文明共同复兴",加德满都)

"一带一路"与中印文明的共同复兴

感谢谭中先生将我带到和平乡，带我关注印度。我对印度的了解很大程度受谭先生启发，就像谭中先生的父亲谭云山先生九十年前追随泰戈尔来到这里创设中国学院一样。我的微信名"一苇"就源于达摩祖师"一苇渡江"的故事。身份证是中国名，微信名用印度名，可见我对印度文化的热爱。当然，印度的佛教文化传入中国，嬗变为佛学和禅宗，已经成为中国文化的一部分。中国文化的DNA就与印度密不可分，其情形拿莫迪总理的话说就是"印度和中国是同一个大脑两个身体"，拿习近平主席的话来说就是中印是"命运共同体"。

佛教之路是古丝绸之路的重要组成部分。古丝绸之路的主要作用是文化交流，其次才是贸易，因为贸易量很少，但文化交流影响源远流长。中印就是喜马拉雅山的南北。山之南谓之阳，山之北谓之阴，中印是阴阳和谐的典范。为何今天却民心不够通，忘了初心？在中国媒体中，印度甚至被描绘成唯一公开反对"一带一路"的国家，果真如此吗？

一、印度的"一带一路"误解

印度对"一带一路"的反对，首先是不了解，其次是误解。由于先天的成见（1962 年边界战争和当今的瑜亮情结作怪），使得印度人并未真正去了解，而只是选择性关注，服务于本能的抵触和反对。

误解一："一带一路"是地缘政治战略

"一带一路"源于古丝绸之路而非简单复兴古丝绸之路，只是借助古丝绸之路历史记忆激发的国际合作倡议，因此是面向未来的"新西域想象"（西安音乐学院罗艺峰教授语）。德国人李希霍芬 1877 年提出丝绸之路概念时的确出于统一的德国进行欧亚大陆地缘政治扩张的需要，因此中国没有用陆克文等西方人建议的中国新丝绸之路战略（计划）这种提法。印度是文明古国，印度人怎么能顺着西方丝路理解"一带一路"呢？

误解二：中巴经济走廊经过印度领土

印度看中国，总是有绕不开的巴基斯坦情结，认为中国帮助巴基斯坦来对付印度，因此反对"一带一路"的第一个理由就是中巴经济走廊经过克什米尔地区，而克什米尔地区印巴有争议。其实走廊经过的是巴控克什米尔地区，并不需要印度同意。20 世纪 60 年代中国派 3 万名建设者（主要是工程兵）帮巴基斯坦修筑喀喇昆仑公路，牺牲了 700 多人，印度当时怎么没意见，如今升级公路，印度却要反对呢？

再说了，修路造桥造福民众又不是建军事设施，印度不必大惊小怪。中国邀请印度加入中巴经济走廊，但印度说要改成中国—南亚经

喀喇昆仑公路

济走廊，但是巴基斯坦反对。因此，印度莫怪中国。中国人常说，邻居是无法选择的，只能换思路：亲望亲好，邻望邻好。印巴领土纷争是英国殖民者留下的，中国也是英国殖民统治受害者，怎么能让中国来背英国黑锅？

误解三："一带一路"包围印度

"西边是中巴经济走廊，南边是斯里兰卡的科伦坡港、汉班托塔港，东边是孟中印缅经济走廊、中尼印经济走廊，这不是对印度进行U形包围吗？"这种印度人的想法让中国人哭笑不得。中巴经济走廊也是邀请印度加入的，因为英国也参与了，其他走廊是印度参与的，怎么是对印度的包围呢？印度对东北邦控制力弱，而参与孟中印缅经济走廊的主要是东北邦，印度又担心被中国分而治之，故产生洞朗对峙。这一再提醒我们，印度的悲情诉求一直在干扰印度看中国。也证实了这样一个事实：凡是喜欢中国的，就喜欢"一带一路"；凡是担心中国的，就担心"一带一路"。

误解四："一带一路"是零和博弈

"一带一路"强调合作共赢，印度的多元文化在西方民主制度发酵下，产生了奇怪的二元现象：经济基础是发展中国家，上层建筑是发达国家那套：利益集团绑架了政治，选票和政治正确的考量，让政客们无法正视"一带一路"带来的长远、整体国家利益，而对周边国家纷纷参与"一带一路"而损害印度的影响力和现实利益斤斤计较，于是出现为反对而反对的怪现象。比如，印度军火商大量从进口西方、俄罗斯军火中拿回扣，这种固有的印度与发达国家价值链环流被"一带一路"推崇的横向互联互通价值链环流所冲击，于是利益集团寻找政治代言人打着中巴经济走廊损害印度领土主权权益的旗号，通过媒体和智库不断释放反对声音，维护的是自身的固有利益，可谓醉翁之意不在酒，在乎山水之间。印度次大陆、印度洋是印度的一亩三分地，外来力量不能染指，反对周边国家参与"一带一路"，这是印度的地区霸权主义遗毒作怪。印度洋是未来增长极。印度政府搞"季风计划"对抗21世纪海上丝绸之路，不仅于事无补，且渔翁得利，让印度洋的未来潜力被美日欧所挖掘。郑和七下西洋，西洋就是印度洋，谱写了中国和印度洋沿岸国家的友谊篇章，如今郑和再来，沿岸国家都欢迎，为何唯独印度例外？习近平主席指出，"如果将'一带一路'比喻为亚洲腾飞的两只翅膀，那么互联互通就是两只翅膀的血脉经络。""一带一路"推动互联互通，最能助推印度经济腾飞。比如，科伦坡港七成的货物都是印度的，中国招商集团投资改造科伦坡港，最大的受益方就是印度，而印度建造基础设施尤其是港口的能力又跟不上，不仅不感谢中国还大张旗鼓反对科伦坡港建设，就让人匪夷所思了。莫迪政府提出了"数字印度"战略和基础设施投资计划，为何不像手机那样选择和中国企业合作，而非要把高铁计划给日本呢？日本建造高铁的资金、人才都短缺，最终还得靠中国帮忙。日本建造高铁更不可能沿着高铁搞产业链、经济带，产生溢出效应。印度的矫情只能自缚手脚。中欧都合作开发欧洲前殖民地市场了，中印合作开发第三方市场：南亚、非洲，都是值得做的大文章。

二、中国对印度"一带一路"态度的误解

话说回来，上述误解，不全是印度的过，中国人对印度也不了解，对印度的"一带一路"态度也有误解：

2017 年 11 月 2 日，王义桅在印度国际大学中国学院演讲。

误解一：印度反对"一带一路"

1）领域：由于地缘环境和历史记忆，印度有强烈的安全关切，其实经济利益还是要追求的，印度也是亚投行创设成员国，不能一味说印度反对"一带一路"。关于对华态度，特别是对"一带一路"，印度民间与政客观点不同。印度人民党与国大党观点不尽相同。印度不同政府部门对华态度经常不同。邦政府与联邦政府观点有时也不同。但最终的表现是，印度不参加、不赞成"一带一路"，视中国为既友又敌（frenemy）。

2）区域：尽管华侨华人在印度少得可怜，才6000多人，主要集中在印度东部，尤其是西孟邦特别是加尔各答，但可成为两国交往的桥梁和纽带。参与"一带一路"，可从印度东部开始，对冲德里的消极态度。新德里智库多有军方背景、西方思维，影响了印度中央政府对"一带一路"的态度，令人遗憾。

误解二：孟中印缅经济走廊进展不大是因为印度

1）印度不反对中缅油气管道，不能说印度阻碍该走廊建设。

2）印度参与并获益：许多项目已经让印度的东北邦获益，印度也加入了亚投行，而亚投行的项目已经在缅甸落地。

误解三：印度、日本、越南、澳大利亚四角战略围堵中国

1）印度奉行独立自主外交，不结盟，不会轻易被人利用，不能把印度推向美日阵营。

2）美国的炒作：四角战略是美国战略界的设计，仍然希望对亚洲离岸平衡，分而治之。

误解四：印度洋是印度人的洋

1）印度洋是达·伽马的命名，并非印度人取名。少数印度人认

为印度洋是印度的洋，这种看法不能代表多数，不要受西方媒体蛊惑。

2）古印度与现印度的区别与联系：一脉相承的是文明，现实分为印度次大陆不同国家，未来都是命运共同体。

3）郑和下西洋：西洋就是印度洋。如果郑和殖民世界，印度洋今天就叫西洋了。郑和当年那么强大都没有殖民一寸土地，如今的中国会吗?! 由于印度洋大部分在非洲东，也可称为非洲洋。

三、印度的"一带一路"角色定位

据谭中先生研究，世界最早与唯一名副其实的"丝绸之路"是三星堆文明时期四川丝绸销售到印度洋（得到作为古代货币的数千枚印度洋齿贝）。丝绸从四川经云南、缅甸、孟加拉湾到达恒河平原。汉使张骞在"大夏"（今阿富汗）发现印度商人转销"蜀布"（丝绸）。印度孔雀王朝开国宰相考底利耶在《政事论》书中名句"kauseyam cinapattaska cinabhumija"（中国蚕茧和中国布都是中国所产）值得仔细研究，可以发现公元前数世纪印度已经掌握中国丝绸生产技术，印度一方面生产"cina 布（中国绸）cinapatta"（即张骞所说"蜀布"），另一方面又使中国丝绸销往古希腊、罗马。考底利耶这句话中的"cinabhumi"（"bhumi"就是"地方/国家"），指的是"出产丝绸的地方/国家"。古希腊人不但从印度买到中国丝绸，也从印度学到称中国为"丝绸之国"。汉朝中国俭省丝绸消费却开展国外市场。汉文帝不穿华丽丝绸，民间只能"布衣"，不能著绸，印度权贵及神像却穿丝绸，埃及艳后克利奥帕特拉七世皮肤稍黑，丝绸服装使她美貌动人，赢得罗马首领安东尼热爱。罗马帝国大量消费丝绸使其财政破产，是它崩溃的原因之一。

另外一大国际动态是印度阿育王向国外传播佛教。佛教在全球率先跨国传教，象征印度文化与经贸对外交流，汉明帝梦金人，派人去西域欢迎印度高僧，等于响应印度发起的联通运动。这样就创造了从印度西海岸出发，经阿富汗再到中亚，再从敦煌进入中国的大通道，后来波斯与阿拉伯商人积极参与，把这一通道延伸到地中海、亚历山大港及欧洲大陆。从这一通道的目的与性质来看，我把它定名为"法宝之路"（用梵文说是"dharmaratna marga"），也就是大家公认的"丝绸之路"。这"法宝之路"与"丝绸之路"是一而二、二而一，不可分割。（印度僧人不带钱，必须依靠商队旅行。）它不但传播佛教，也传播其他宗教以及五花八门的文化。这"法宝/丝绸之路"主要在欧亚大陆运作，也在海上从印度半岛与锡兰岛经东南亚到达中国海岸。中国到"西天"取经的三大法师，法显由陆路去，海路归；玄奘由陆路去，陆路归；义净由海路去，海路归。这条以中国与印度为枢纽的"法宝/丝绸之路"可以说是由印度法师与商人缔造，中国法师积极参与（义净《求法感赋》曰"高僧求法离长安，去人成百归无十"），中国商人裹足不前。渐渐地，波斯和阿拉伯商人大量加入。阿拉伯人既经商又传教。

印度古代积极开发"法宝/丝绸之路"，从印度西海岸延伸到阿富汗、到中亚（现今新疆），到敦煌、兰州、洛阳，可以从佛教石窟艺术发展去追溯。如今，印度怎么能置身"一带一路"之外呢？

概括起来，印度在"一带一路"中有四大类角色：

1. 传承者：印度是中国西天取经的国度。中印文化传承与民心相通源远流长，如今不能今不如昔，开历史倒车。

2. 联系人：印度次大陆是"一带"与"一路"的链接，即打通欧亚大陆——"世界岛"与印度洋——"世界洋"的关键。

3. 获益者：未来 5 年，预计中国将进口 10 万亿美元商品，对外投资将超过 5000 亿美元，出境旅游人数将超过 5 亿人次。这将给印度创造多大机遇啊！印度的经济发展水平处于中国改革开放中期，某些方面如基础设施甚至是初期，中国的工业化经验，如开发区、经济园区、特区经验对印度非常有吸引力。中印"一带一路"合作可平衡贸易，在向前看中回应各自关切，而不是在抱怨中丧失发展机会。

4. 贡献者：上合组织、金砖国家、G20 推动国际规则制定和国际秩序转型。印度面临的国际环境与中国有诸多类似之处，需要在上合组织、金砖国家、G20 框架下精诚合作，推动新型全球化、全球治理，推动国际秩序更加公正、合理、可持续发展，增强新兴国家国际话语权，而"一带一路"正肩负该使命，因此中印只能合作，竞争对抗只能让西方人受益。西方人在制造鹬蚌相争、渔翁得利的游戏，印度千万别上当。

四、印度参与"一带一路"，如何合三为一？

梁启超先生曾概括中国的三重身份：中国的中国，亚洲的中国，世界的中国。其实，印度也有这三重身份：

1. 印度的印度：印度梦与中国梦融通，正是"一带一路"主张梦梦与共、天下大同所期待的。与中国战略对接而非战略对抗，是印度的明智选择。

2017 年 11 月 2 日，在印度国际大学中国学院，印度学者正发表演讲。

2. 亚洲的印度：中印崛起了，亚洲世纪才会来临（邓小平语）。亚洲的未来在于中印携手，喜马拉雅山养育了亚洲，而不是分割了亚洲。

3. 世界的印度：正如中国与世界关系一样：世界好，印度才能好；印度好，世界会更好。印度的世界雄心绕不开中国，与中国共鸣、共振，乃上策。

总之，印度的担心、顾虑仍然是西方殖民体系余毒在作怪，总是本能地以殖民受害者心态看中国，看"一带一路"。如何实现印度的印度、亚洲的印度、世界的印度与中国的中国、亚洲的中国、世界的中国和谐共振，而非错位对抗，关乎 21 世纪亚洲的未来，关乎世界的未来。希望中印都能尽早走出近代、告别西方，携手开创 21 世纪人类文明新纪元，体现古文明的时代担当。中印携手将造福于世界三分之一的人口和古老文明的共同复兴。

一句话，印度是西方殖民受害者，怎么能用西方视角看"一带一路"呢？早参与，早得益。希望在座的各位印度友人成为今天的法显、义净，从中国到西天取经，到中印相互取经，携手开创文明包容互鉴的"一带一路"新时代。

当然，印度的参与也有参与的麻烦，就像印度在 WTO 谈判中以"不先生"著称那样，太多的关切、太少的换位思维常常让合作者无所适从。据《福布斯日本》11 月 3 日报道，日本标中的印度首条高铁项目，还未开始就问题频发。第一，在完全没有与日方商量的前提下，印度方面单独将项目建设完成时间，由 2023 年调整为 2022 年，印方的理由是 2022 年赶上印度独立 75 周年的整日子，印度政府希望以此展示自己的执政业绩。第二，日本提供的借款年利息仅为0.1%，几乎放弃利息收入。而且在印度老旧的原有线路上建设新干线，使日本工程师遇到很多意想不到的技术困难。第三，印度土地私有的现状，为建设中收购土地带来不少隐患。第四，印度政府希望新干线的原材料选择使用印度国产制品，但日本建设方对印度产品的性能根本不信任。

孟中印缅经济走廊的处境就是很好的印证。因此，中国也不必太在意印度的消极态度，对印度永远要有耐心。中印要增加互信，增加交流，增加互访，增加沟通，我们需要更多位于和平乡的印度国际大学中国学院。

正如中国驻加尔各答总领事马占武今天早上在"中印友好交流国际研讨会"开幕式致辞时所指出的，印度是中国的重要邻国，中印关系是中国周边外交和大国外交重要组成部分。尽管两国之间存在一些问题，但共同利益远大于分歧。只要双方共同努力，中印关系就一定能够不断取得新的进展。这说明，印度在中国外交谱系中既占据周边国家又占据大国外交的双重优势，同时具有新兴国家的新身份，完全可以在"一带一路"所连接的发展中国家、新兴市场、大国的三类国家中扮演独特作用。

（2017 年 11 月 2 日在印度国际大学中国学院的演讲）

日本对"一带一路"的"三虑"

　　日本对丝绸之路有种割舍不掉的情结。日本认为丝绸之路起源于奈良，这是其代表中华道统思想潜意识的体现。日本 NHK 在 20 世纪 80 年代拍摄的《丝绸之路》纪录片，迄今都难以超越。

　　对于"一带一路"，日本的态度则复杂得多，毕竟时势异也。中国提出"一带一路"后，日本采取警惕、质疑和观望态度，原因就在于对中国崛起的矛盾心态。日本在过去一个世纪中，国力都超过中国，而现在面对不断强大的中国，这种心理失衡需要一个比较长时间的调整和适应的过程。

　　从"一带一路"倡议提出之初，日本便无心参与。但随着"一带一路"的顺利展开，促进国内经济发展的需要，日本政府对"一带一路"的态度开始从原先的拒绝参与和抵制到表示可以有限参与。

　　2017 年 7 月，日本首相安倍晋三就首次提出对"一带一路"建设的合作态度，即"一带一路"建设应在开放、透明、公正、考虑项目经济性的同时，不影响借债国的偿还能力和财政健全性；

　　11 月，日本外相河野太郎在神奈川县平冢市的演讲中提及中国"一带一路"对于世界价值的可能性，围绕中国在国外的基础设施建设问题，认为"如果是以开放、各方都能参与的形式出现，这对世界经济是有好处的"。加上"开放包容的形式"，言外之意也是对中国"一带一路"机制的开放性、透明性和公平性有所质疑的表现。

12月4日，安倍晋三在中日两国经济界会议上表示，"与习近平主席和李克强总理就中日在第三国合作上的展开达成一致"，认为"为满足亚洲各国旺盛的基础设施需求，中日之间需要进行合作。在确保公正、透明的基础上，'一带一路'在这方面能够发挥作用"。并且明确表示："我国认为在自由开放的印度太平洋战略下，也可以与倡导'一带一路'构想的中国大力合作。"

这是安倍首次提出印太战略与中国主导的"一带一路"经济带构想，联系起来并加以推进，从而改变该战略牵制中国的目的，使其成为新的日中合作的基石。据报道，"一带一路"经济带包含印太战略的大部分对象地区。作为具体的合作方式，正在探讨日中双方企业在两者重合的地区，共同参与基础设施建设及产业振兴的方案。

日本政府寻求将"一带一路"与印太战略进行对接，试图影响"一带一路"，反映出中日在经济上、地缘政治上的竞争态势仍将持续相当长时期，但中日之间经济之间的竞争并非"零和博弈"。如何转变认知、减少矛盾，找到两国利益的最大公约数，通过双边和多边合作等方式共同参与"一带一路"倡议，将对中日关系发展、地区和全球发展具有重要意义。

日本态度的反复，折射出日本对"一带一路"的"三虑"：

历史的心虑：丝绸之路起源于奈良说，是道统在日本的心理折射。二战用战争解决产能过剩问题，中国用和平合作方式——"一带一路"——解决，这无形中反衬出日本的原罪。1997年，时任日本首相桥本龙太郎在日本企业家协会发表演讲,首次提出面对中亚和高加索国家的"丝绸之路外交",作为其"欧亚外交"的一部分。2004 年日本延续"丝绸之路外交",正式启动"中亚+日本"合作倡议,并把该地区摆在日本新外交战略的重要地位。

但无论是美国"新丝绸之路计划"还是日本"丝绸之路外交"都早已失去生命力。从心态上来看,西方人当然会出现质疑:美国、日本等西方国家做不到的事,中国可能做到吗?因此对"一带一路",日本迄今仍在挖苦、讥讽。

真所谓立场决定态度:凡是信任中国、喜欢中国的,就信任"一带一路"、喜欢"一带一路";反之,凡是对中国有担心的就担心"一带一路",不信任中国的就不信任"一带一路"。质疑中反映西方不习惯、不甘心中国领导世界,挑头搞"一带一路"。

前不久,笔者赴东京参加三边委员会东京片会,日本常务副外长在欢迎晚宴致辞时竟称"一带一什么来着",不自觉流露出冷嘲热讽的意味。

现实的焦虑:自己没战略,无独立性。但日本不习惯中国领导,指望美国回心转意,继续领导世界。欧洲也有类似心思,但日本更甚,尤其最近领导新版 TPP,印太战略倡议由日本提出而被美国采纳,鼓励了日本的信心。日本对"一带一路"有现实的焦虑:失去海外市场,担心被中国挤压,故而采取主动参与,引导走向的态度。

日本经济新闻曾发布文章《安倍的下一个外交目标指向中国》,提到安倍在多边外交舞台上多次寻求与习近平主席会谈,以此改善两国关系。对安倍来说,与中国的关系改善将具有短期和中长期两重意义。短期是着眼于应对朝鲜核导弹开发。而从中长期来看则是加强两国的经济合作，中国的"一带一路"构想可能让陷入无计可施的"安倍经济学"起死回生。

未来的忧虑：面对中国强势规划世界，日本强调规则导向（rule-based），阻止中国做大。日本首相安倍在11月14日的新闻发布会上表示，"我希望'一带一路'倡议有助于实现亚洲地区乃至全世界的和平与繁荣。'一带一路'倡议沿线各国公司间的合作应该是有利于每一个参与者。2018年日本将派遣250名企业家到中国。我希望看到双方的积极讨论，看到两国在贸易和食品、环境、节能、旅游领域以及'一带一路'倡议框架下的合作为亚洲地区和世界的繁荣作出贡献"。

其后，日本外相河野太郎18日在神奈川县平冢市发表演讲，提及中国倡导的"一带一路"构想对全球有利的可能性。围绕中国拟在国外建设的港湾设施，他称"如果以开放的、各方都能参与的形式展开，这对全球经济会非常有利"。同时，考虑到中国在南海的动向，河野表达了将继续向中国呼吁贯彻"法治"和"航行自由"的想法。

总之，日本对"一带一路"的态度充分折射其复杂心理：

1. 嫉妒。所以唱衰。

2. 自叹弗如。没有世界大国的战略思维。

3. 惧怕。中国把世界全占了，好活全揽了，日本不情愿低头。

4. 安倍提出印度·太平洋倡议，自鸣得意地认为说服了特朗普，可以跟中国抗一抗。

5. 安倍又搞成了日本·欧盟FTA和TPP11，使日本的自由经贸圈环绕太平洋、接大西洋，直达欧盟，远远超过中国，更加得意扬扬。特别是后者，日本是战后七十多年，在国际社会第一次走上前台，作为领导，拉起了一个集体组织。

6. 安倍说的是愿意协助，这词有点儿居高临下的意思。日本政府对企业说的是：能赚钱的话可以去参加，但不能协助中国搞军民两用项目。比如说合作建了港口，而中国军舰却可以使用。

拉印度，推印太，是日本面对中国崛起无奈的表现。印度的参与预示了日本的麻烦，就像印度在 WTO 谈判中以"不先生"著称那样，太多的关切、太少的换位思维常常让合作者无所适从。

据《福布斯日本》11 月 3 日报道，日本中标的印度首条高铁项目，还未开始就问题频发。第一，在完全没有与日方商量的前提下，印度方面单独将项目建设完成时间，由 2023 年调整为 2022 年，印方的理由是 2022 年赶上印度独立 75 周年的整日子，印度政府希望以此展示自己的执政业绩。第二，日本提供的借款年利息仅为 0.1%，几乎放弃利息收入。而且在印度老旧的原有线路上建设新干线，使日本工程师遇到很多意想不到的技术困难。第三，印度土地私有的现状，为建设中收购土地带来不少隐患。第四，印度政府希望新干线的原材料选择使用印度国产制品，但日本建设方对印度产品的性能根本不信任。

前段时间，趁着中日邦交正常化 45 周年，安倍似有寻求中日关系缓和之意，对"一带一路"倡议的态度也有所松动。但是我们不能只听其言，更应该观其行。随着美国的逐步衰落，日本是否会借机向东转，对于日本来说，"一带一路"是个绝佳的机会，中国有的是耐心和时间。

（写作于 2017 年 12 月）

对待"一带一路"，要呵护而非责难

"一带一路是还未满五岁的孩子，你说他这个那个的，一会儿说这孩子长大了会吃很多东西，会不会造成人类粮食危机呀？一会儿说他将来会不会生病呀？会不会打架呀？我问你们，有了这个孩子好，还是没有好？如果美国能提供这些公共产品，还有中国什么机会？在座的都是为人父母，对孩子要多呵护，而不是责难啊"！

这是刚刚结束在新加坡举办的 NHK-SIIA 全球辩论会上笔者的中场总结，一下子引发全场一片笑声，台上的嘉宾刚才还是一番讨伐的样子，现在都有些不好意思了。

近年来，日本政府对"一带一路"态度转而积极，但有不少担心，尤其担心中国借此挑战美国主导的自由国际秩序。就是在这种背景下，日本 NHK 电视台与新加坡国际事务研究所（SIIA）2018 年 3 月 6 日在新加坡联合举办"一带一路是否挑战现有国际秩序"的辩论，录制 75 分钟，编辑成 50 分钟节目，24 日在 NHK 英文频道全球播出，并上传网上。

辩论会由新加坡国际事务研究所所长戴立志主持，日本早稻田大学教授青山瑠妙、美国驻新加坡商会会长史蒂芬·欧坤、印度前驻华大使康特、新加坡 SJ 盛裕集团国际总裁张永昌代表东盟及笔者五人为辩论方。辩论会前测试麦克风，笔者的声音太弱，测试三次才搞定，主持人强调一定要让中国的声音被国际社会听到，开篇和最后发言的机会都给了笔者。现场有 50 多名听众，辩论最后进入提问环节，由于辩论充分，听众提了三个问题后，主持人反复问还有什么问题时，已鸦雀无声。

辩论会的形式与内容设置表明，与发展中国家关注"一带一路"给他们带来哪些机遇不同，发达国家既关注他们的企业如何参与，更担心中国借"一带一路"做大，打造中国中心的国际秩序。因此，辩论会一定程度折射了国际社会对"一带一路"的最新认识与反应。

"一带一路"是养鸡生蛋，不是杀鸡取卵

日本早稻田大学教授青山瑠妙发言称，按照美国智库报告和国会咨询信息，"一带一路"建设给所在国带来巨额债务，应该学日本的ODA（官方开发援助）做法。

笔者旋即纠正她说，尽管中国学习日本投资海外经验，但"一带一路"不是对外援助。所谓债务问题是个伪命题，所有发展都会带来负债率的提高，就如同中国自身一样，关键在于投资形成的资产能否为经济发展和社会福利的改进提供支持。笔者举两个例子极大增加了现场嘉宾和听众的强烈兴趣：一，中国在最近十年内修了 2 万多公里的高铁，一公里高铁成本高达 2 亿元，总共 4-5 万亿元投入，用西方经济学看，中国债务岂不到天花板?! 为何中国经济反而中高速增长？就是因为中国发展模式很好创造经济正外部性，高铁产生显

著的溢出效应，推动产业沿线布局、发展旅游、房地产，推动扶贫致富。二，中国改革开放初期大量从世行、亚行借贷，但经济快速起飞后，根本没有造成债务偿还危机。相信，"一带一路"也不会如西方舆论说的造成当地债务危机，其实中国国内反而担心造成中国政府和企业债务危机呢。

遵循"企业主体、市场运作、国际惯例、政府引导"原则，秉持共商、共建、共享理念，"一带一路"建设不是对外撒钱，而是投资；今年是改革开放四十周年，理解"一带一路"要理解中国发展模式。

接着，笔者将"一带一路"比喻为养鸡生蛋，不卖鸡，而是卖鸡蛋，这就提醒他们用卖鸡思维担心债务的思维定势，形象概括了中国发展经验，让他们脑洞大开！

美国制造泡沫，中国修路造桥

美国驻新加坡商会会长史蒂芬·欧坤发言时质疑，"一带一路"项目是中国投资的，谁给钱听谁的，因此会造成其他国家依附中国的体系。

笔者笑曰：这是典型的以己之心度人之腹。美国制造泡沫，中国修路造桥。中国是善于学习的，既从美国学习了许多好的东西，又学习借鉴了美国的教训。"一带一路"就是要消除新自由主义全球化的问题，把全球热钱变成冷钱，金融服务实体经济，最大的实体经济就是基础设施建设。中国发展的成功经验，要致富，先修路；要快富，修高速；要闪富，通网路；要共富，来通路。

"一带一路"不是条条大路通北京，而是互联互通

欧坤接着称，中国修路造桥不错，但是罗马帝国时期有"条条大路通罗马"的说法，"一带一路"是条条大路通北京！因为很简单，谁给钱，谁获益，谁控制。

笔者回应，都21世纪了，思维还停留在罗马帝国时期！世界的技术标准基本上还是西方制订的，"一带一路"是修补现有体系的缺陷，而无法重复近代以来西方中心的历史。斯诺登事件提醒世人，美国才是全球互联网的操纵者，12个根服务器中，9个在美国，其他三个分别在日本、英国和挪威。"一带一路"无法根本改变世界由美西方联通起来的局面，但是增加横向互联互通的内涵。"一带一路"的本质是互联互通，并非跟中国通。中国在非洲推行"三网一化"（高速公路网、高速铁路网、区域航空网、基础设施工业化），帮助非洲自主发展，非洲的路怎么通中国啦？

"一带一路"初期双边，本质多边

印度前驻华大使康特称，"一带一路"是中国的地缘政治战略工具，都是中国主导的双边安排，目的是排斥其他国家。

笔者回应，去年五月，"一带一路"国际合作高峰论坛，来自130多个国家、国际组织的1500多名代表参加，其中近一半并没有邀请而是自己主动来的，唯一邀请而没派政府代表参加的就是印度。

基础设施从设计、建造、管理、运行、资金、技术等各个环节，

中国具有不可比拟的优势，自然在基础设施先行的阶段以国企牵头，双边为主，但是建好了基础设施不是更方便其他国家投资了吗？不是让这些国家增强自主发展能力了吗？基础设施缺口巨大，中国一家怎么融资？还不是发达国家参与、通过全球市场融资、遵循国际标准，打造多边合作平台，而且建设过程中还推动了发达国家出口？科伦坡港的改造，印度率先得益啊，因为科伦坡港七成货物都是运往印度的！

"一带一路"是中国锐实力？都进入人家货币了！

康特大使一看没有占到便宜，于是转到斯里兰卡的另一个重要港口——汉班托塔港建设，称斯里兰卡政府不顾反对党反对，将港口租借中国 99 年，当地怕沦为中国殖民地。美国人乘势附和说，"一带一路"是中国锐实力。

笔者耐心介绍开发性金融做法前，从口袋里掏出两张货币来，中国人和中国项目分别进入毛里求斯和斯里兰卡货币，问他：如果斯里兰卡人民不喜欢中国投资，"一带一路"项目怎么可能进入人家货币?！这只是现任政府能决定的吗？

从来没有纯粹的中国模式，中国模式是学习借鉴超越的结果

新加坡企业代表张永昌称，中国借助"一带一路"推广中国模式，增强软实力。笔者回应，中国发展是走符合自身国情发展道路，将命运掌握在自己手里，现在也鼓励其他国家走符合自身国情的发展

普特拉姆燃煤电站位于首都科伦坡以北 130 公里，坐落在斯里兰卡西北部沿海的卡尔皮提亚半岛上。普特拉姆燃煤电站从 2007 年开始建设，由中国机械设备工程股份有限公司承建，中国进出口银行提供贷款，贷款总额超过 13 亿美元。2011 年，为纪念普特拉姆燃煤电站的重要意义，斯里兰卡政府还将电站图像印在了 100 面额卢比纸币上。

道路，将命运掌握在自己手里，所谓"己所不欲，勿施于人"，怎么可能让他国效仿中国?! 再说，效仿也效仿不来呀! 中国经验表明，简单输入别国模式是不会成功的，中国视"一带一路"为百年大计，代表了中国信用，一定希望它成功，因此不会输出自身模式，不希望他国输入外来模式。更重要的，没有纯粹的中国模式，中国模式是学习借鉴世界一切人类文明优秀成果、兼收并蓄、融会贯通的结果。"一带一路"的做法就部分学习了新加坡的产业园区经验。改革开放，世界养育了中国;"一带一路"，中国在回馈世界。

西方企业无法参与"一带一路"?

主持人提出,"一带一路"建设多由中国国企参与,造成不公平竞争,外国企业,尤其是西方私企无法参与。笔者回应,私人企业还是国有企业不是问题的关键,问题在于企业的投资能力和经营规模,很多基础设施项目并非排除私人企业,主要是他们一般不具备那样大的投资和融资能力,更缺乏专业设计和运营管理的能力。外国公司参与更是个伪命题,中国公司能否在欧盟地区和美国国内享受国民待遇?现在看来,搞一个"一带一路"的投资协定,也未尝不是个办法,不加入协定,就无法享受相关机遇,泛泛的开放和共享没有带来预期的理解,反而为一些人的指责提供了口实。

笔者戏称,"一带一路"是人类的孩子,中国只是保姆;或者说中国只是丈夫,提供精子,还需要结合不同国家的卵子,才能生出孩子。孩子学会了游泳,就能从大海里汲取能量。大海就是国际市场,西方企业为主流啊。基础设施建设,需要国企前期投入,成果共同分享。中国不想主导,不应主导,也无法主导。

"一带一路"打造中国中心国际秩序?

提问环节,李光耀公共管理学院执行院长柯成兴称,刚才康特大使说过,中国通过投资胁迫其他国家参与"一带一路"。东盟倒不见得这么想,但担心中国借"一带一路"打造中国中心国际秩序,甚至有人说朝贡体系又回来了。

笔者回应，正如太极文化显示的，"一带一路"强调借力，而不是另起炉灶搞新秩序。尤其是，美国是所有国家的邻国，一定要争取。美国公司已经参与马六甲皇京港建设，亚投行用的是美元，美国人和技术、标准大量进入"一带一路"项目。

"一带一路"倡议提出以来，中国通过平等协商，已经同 86 个国家和国际组织签署 101 个合作协议，涵盖互联互通、产能、投资、经贸、金融、科技、社会、人文、民生、海洋等合作领域；同 30 多个国家开展了机制化产能合作，在沿线 24 个国家推进建设 75 个境外经贸合作区，中国企业对沿线国家投资累计超过 500 亿美元，创造近 20 万个就业岗位。这些数据充分证明，"一带一路"倡议的本质是互利共赢的，得到了沿线国家和国际社会的广泛支持和欢迎。这里面，哪一个是中国强加于人的?! 中方从来没有、也不会寻求建立一国主导的规则。"一带一路"倡议不是要搞什么"小圈子"，也不针对任何国家，而是开放、包容的。

各国，包括美国都在改革现有秩序，使之更可持续。中国希望与印度等国合作共建"一带一路"，提升中印等新兴经济体的代表性和话语权，因为世界政治格局要适应经济格局。如果说"一带一路"打破了什么，可能打破中心-边缘体系，这本身就是不合理、不可持续的。中心的麻烦，就是一旦带不动，就不可持续。美国优先，让世界很担忧。

在最后陈词环节，笔者引用美国麦肯锡公司预测，到 2050 年，"一带一路"将新增 30 亿中产阶级，贡献 80% 世界经济增长，这就是"一带一路"梦。"一带一路"现在是五岁的孩子，孩子是我们的梦想。让我们给予希望，呵护他健康成长吧。"一带一路"，中国只是丈夫，还得有妻子，才能生出孩子啊，这是共同的孩子，不只是中国的孩子。嘉宾们再次以笑声做出了回应。

"一带一路"气场是中国气场，全球化希望

一个幽灵，"一带一路"的幽灵，在西方世界徘徊。为了对这个幽灵进行神圣的围剿，旧世界的一切反华势力和反全球化者，都联合起来了。有哪一个反全球化的不把它的问题骂为"一带一路"带来的呢？又有哪一个反全球化者不拿全球化的最大得益者中国这个罪名去回敬更激进的反全球化者和自己的反对者呢？

从这一事实中可以得出两个结论："一带一路"已经被世界的一切势力公认为一种势力；现在是中国向全世界公开说明自己的观点、自己的目的、自己的意图并且拿自己的宣言来反驳关于"一带一路"幽灵神话的时候了。

西方和西化世界最大误解是，"一带一路"是中国的，双边的，中国主导，不符合现有标准、规则。把中国与国际秩序对立起来，把美国视自由国际秩序的当然领导，担心中国挑战。不习惯中国领导，担心损害自身利益，动摇国际体系。把中国企业与外国企业对立，国有与私有对立，抱怨西方企业参与不多。对"一带一路"理解狭隘，要么把它视为古代丝绸之路复兴，要么把它当做基建项目，缺乏对五通的丰富理解，缺乏前瞻性理解。

笔者最近几年去了40多个国家讲"一带一路"，如此辩论形式并不多见。"一带一路""建设是否开放透明？规则导向还是发展导向？这成为"一带一路"的西方典型之问。此次辩论表明，我应借

力，积极参与有关辩论，创新"一带一路"外宣形式。

"一带一路"建设强调企业为主体、政府服务、市场规则、国际标准和共商、共建、共享原则。中国不会也没必要另起炉灶，推翻西方规则，"一带一路"建设必须争取西方发达国家参与，而西方参与也是希望参与制定相关规则，确保中国遵守西方在全球投资、贸易、基础设施建设等领域设定的人权、劳工、环保等各项标准，从内部影响"一带一路"相关规则制定、适用标准选择，将来在重大项目决策方面可能与中国产生矛盾和摩擦，竞争博弈难以避免。我们要以平常心看待，争取"一带一路"建设最广泛的国际统一战线。

（写作于 2018 年 3 月）

欧　洲

"一带一路"建设为何要抓住欧洲

尽管迄今 GDP 才占据世界的 15%，离历史上顶峰时期还有巨大差距，但是中国在世界大三角——"中俄美"军事大三角、"中欧美"经济大三角中，已是三分天下有其一。

中国崛起如何做到三分天下有其二呢？"一带一路"就是在世界制造业中心（北美、欧洲、东亚），地区一体化三翼（NAFTA、EU、EA）的三分天下中，中欧合作开发欧亚非第三方市场的国际合作倡议。这可谓 21 世纪的隆中对。

一

"一带一路"东边牵着最具活力的亚太经济圈，西边系着世界最大的欧洲经济圈，被认为是"世界上最长、最具有发展潜力的经济大走廊"。在 2014 年 3 月 31 日中欧双方发表的《关于深化互利共赢的中欧全面战略伙伴关系的联合声明》中，中欧双方认识到"加强交通运输关系潜力巨大"，决定"共同挖掘丝绸之路经济带与欧盟政策的契合点"，探讨"在丝绸之路经济带沿线开展合作的共同倡议"，这成为了在较长一段时间内中欧针对"一带一路"战略进行合作的基石。

概括起来,"一带一路"给欧洲带来八大机遇:

一是欧洲经济振兴的机遇。欧洲经济尚未完全走出欧债危机的影响,又遭受乌克兰危机的打击,欧央行不得不推出欧版量化宽松政策,导致欧元不断贬值。为提振欧洲经济,提升欧洲经济竞争力,欧委会提出 3510 亿欧元的战略基础设施投资计划——容克计划,完全可以和"一带一路"对接,推动欧亚互联互通建设,帮助欧洲经济复苏,进一步延伸欧洲市场。英国、法国、德国、意大利、卢森堡、瑞士等欧洲国家看好亚投行机遇,不顾美国的反对而纷纷加入,成为亚投行创始成员国,就是欧洲抓住"一带一路"战略机遇,提升英镑、欧元和瑞士法郎影响力的现实举措。据美国彭博社预测,2050年"一带一路"将创造 30 亿中产阶级。未来十年可让中国同 60 多个沿线国家的年贸易额突破 2.5 万亿美元,其中就包括中东欧国家,而且合作产生外溢效应,使欧洲受益。

二是欧亚大市场建设和文明复兴的机遇。历史上,亚欧大陆一直是世界文明中心,至少在埃及文明衰落之后如此。随着欧洲人开启全球化进程,海洋成为人国际社会的主导型力量,大陆文明衰落。欧洲的海洋文明扩张,直至二战结束,美国成为海上霸主,欧洲海外殖民地纷纷独立,欧洲被迫回归大陆,通过一体化达到联合自强的目标。然而,欧债危机、乌克兰危机严重冲击欧洲大市场建设成果,欧洲人日渐认识到,只有涵盖俄罗斯的欧亚大市场建设才能平衡好安全与发展的问题,以欧亚文明复兴带动欧洲振兴,是历史的选择。

三是欧洲地区融合的机遇。长期以来,欧盟政治在"东部伙伴计划""地中海伙伴计划"孰重孰轻上纠结，实施效果也各有各的问题，现在的乌克兰危机又在撕裂欧洲。看来，加强欧洲地区融合眼光不能局限在欧洲，即便欧洲内部也要创新思路。"一带一路"的实施，使得中东欧成为中国在欧洲的新门户，尤其是波兰、希腊、巴尔干，匈塞铁路、比雷埃夫斯港成为"16+1"合作的拳头产品，成为连接陆上与海上丝绸之路的桥梁。"一带一路"倡导的包容性发展是欧洲地区融合的机遇，它促使中国沿边十几个省份，尤其是内陆边疆省份，建立起与欧洲各地区的紧密经贸、投资联系。

四是欧俄和解的机遇。战后以来，北约的成立，明确将"Keep Russia out"（赶出俄罗斯）作为战略目标，今天的乌克兰危机就是这种战略的恶果。事实上，欧俄和解是欧洲稳定的基石。"一带一路"超越古代丝绸之路，特别注重将俄罗斯的远东大开发项目等包容进来，取道莫斯科，与欧亚经济联盟、独联体集体安全组织、上海合作组织等地区架构兼容，目的在于"Keep Russia in"（吸纳俄罗斯）。以德国总理默克尔为代表的欧洲有识之士认识到，邻居是无法选择的，表示应将欧亚经济联盟与欧盟对接，这是化解乌克兰危机、求得欧洲长治久安的明智之举。"一带一路"为欧俄和解开启了机遇。

五是欧盟更便捷参与亚太事务的机遇。美国提出"重返亚太"战略后，欧盟表示出明显的战略焦虑，担心被边缘化，于是加速推进与亚洲国家的FTA战略，然而进展不尽如人意。"一带一路"让欧洲从陆上、海上同时与亚洲铆合在一起，增加了欧洲参与亚太事务的便利性，也将增加欧盟抓住亚太发展机遇的能力，拓展欧盟在亚太地区的影响力。

六是欧盟全球影响力提升的机遇。"一带一路"沿线国家，不少是欧洲的前殖民地，故此强调与欧盟的大周边战略对接。这样，汲取欧洲在全球治理和地区治理方面的经验、做法十分必要——"一带一路"是绿色、环保、可持续的，是按照市场化运作和国际规范进行的，这些都是欧洲规范性力量所强调的，本身就体现了欧洲的软实力。中欧合作开发、经营第三方市场，比如西亚、非洲、印度洋、中亚等地，在"一带一路"框架下有了更多的成功机遇。欧洲的经验、标准、历史文化影响力，十分为中国所看重。"一带一路"秉承和弘扬和平合作、开放包容、互学互鉴、互利共赢的丝路精神，与欧盟的理念相通，与欧盟的规范性力量产生共鸣，共同提升中欧全球影响力。

七是中欧全面战略伙伴关系进一步充实的机遇。在《中欧合作2020战略规划》基础上，中欧正在谈判双边投资协定（BIT），甚至考虑在此基础上研究中欧自贸区（FTA）的可行性。"一带一路"计划为此带来更大动力，推动中欧"四大伙伴"——和平伙伴、增长伙伴、改革伙伴、文明伙伴关系的发展。渝新欧、郑新欧、义新欧等13条欧亚快线铁路网越来越将中欧铆在一起发展，建立合作共赢的新型伙伴关系。围绕建设21世纪海上丝绸之路，海洋合作将成为中欧合作新亮点。围绕建设信息丝绸之路，互联网领域的合作也会成为中欧合作的新亮点，完全可以发展为中欧新的机制对话。

八是跨大西洋关系平衡发展的机遇。战后以来，欧盟倚重跨大西洋关系，然而总是难以摆脱欧洲与美国竞争与合作中的不对称地位，"以一个声音说话"始终是可望而不可即的尴尬。"一带一路"强调开放、包容，不排斥域外国家，不谋求势力范围，不搞军事扩张，主张包容美国，这就超越了TTIP的双边排他性。不同于美国除了TTIP

外还有TPP，欧洲就只有TTIP，在未来跨大西洋关系中更处于劣势。如今，"一带一路"增加了欧洲向东看的选择，改变欧洲相对于美国的被动地位，平衡发展跨大西洋关系。

从中国出发，欧洲是"一带一路"的终点站，对"一带一路"应该非常积极才是。然而，欧盟总是慢半拍，对中国的"一带一路"倡议，欧洲公众认知不够。为此应加强对欧洲议会、欧洲社会的"一带一路"公共外交，不仅消除其误解，更帮助欧洲国家认识到，"一带一路"包括铁路、公路等基础设施，还有油气管道、电网、互联网、航线等等，是多元网络，是中国对接欧洲，连接成欧亚大市场的重要计划，帮助欧洲与中国携手重新塑造世界。

二

"东方物所始生，西方物之成孰。夫作事者必于东南，收功实者常于西北。"《史记·六国年表》这句话，虽然不能直接套用今天，但喻义颇多：改革开放发端于东南，收获于西北——正如"一带一路"所喻示的；改革开放主要向西方开放，尤其向东南方向开放，但随着美国重返亚太，传统开放模式考验重重，开放重点从东南转至西北，这就是古丝绸之路的终点站——欧洲。

正所谓大国崛起须站巨人肩膀上，得欧洲者得天下。中国对西方外交收功于欧洲，这从欧洲对"一带一路"的欢迎可见一斑。近年来，中国与葡萄牙、西班牙、法国等国不断强调合作开发第三方市场，尤其是"一带一路"沿线国家市场，为此做了很好的注解。

"一带一路"是中国提出的全方位开放战略与以"共商、共建、共享"为原则的国际合作倡议，旨在为欧亚非沿线 65 个国家，44 亿人口建立由铁路、公路、航空、航海、油气管道、输电线路和通信网络组成的综合性立体互联互通的交通网络，并通过产业集聚和辐射效应形成建筑业、冶金、能源、金融、通信、物流、旅游等综合发展的经济走廊，通过政策沟通、设施联通、贸易畅通、资金融通、民心相通等"五通"来推进贸易投资便利化，深化经济技术合作，建立自由贸易区，最终形成欧亚大市场。

总体而言，欧洲国家拥有高端技术，而中国制造能力及高端技术市场化能力非常强，两者结合才能赢得更大市场，规避两者的竞争。典型例子：法国核能技术世界最优，80%的电能是核能，而中国在建核电站占据世界 37%，具有最成熟的建设、管理经验，中法合作开拓第三方核电市场，可谓完美组合：当性价比最值的中国核电装备，装上技术最优最安全的法国"核芯"，甚至赢得了英国的核电市场，实现从"双赢"到"三赢"的转变。中国核电、高铁"走出去"，分别带动发达国家 15%、30%的先进装备也走出去，本身就是中欧合作开发第三方市场。

众所周知，当今世界的格局中，作为最大发展中国家的中国已经进入了工业化中期，拥有处在世界中端的工业生产线和装备制造水平。在这方面，法国等发达国家处于高端水平，而"一带一路"沿线大多数国家尚处在工业化的初期。中法合作开发第三方市场，是全球产业链首尾相顾。将中国的中端装备与法国的先进技术和核心装备结合起来共同开发"一带一路"沿线国家（多为前欧洲殖民地国家）的第三方市场，弥补了中国在语言、法律与运营等环境不熟的短板，使三方优势都得以很好发挥：于中国而言，意味着存量资产得到盘活，产业链迈向中高端；于法国而言，意味着更多的出口与就业；于第三方市场而言，则意味着获得更高性价比的装备与工业生产线，满足自身工业化的需求。因此，中欧合作开发第三方市场使中国在全球分工体系中桥梁角色凸显，以南北合作推动南南合作。

最持久的合作往往是各取所需的合作，第三方市场合作就是这样一种合作，会产生 1+1+1>3 的效果：联合发展中国家与发达国家的国际产能和第三方合作，将会调动更大范围的全球力量，甚至有可能成为化解世界经济颓势的钥匙。中国与发达国家合作开拓第三方市场是"各得其所、互利共赢的好事"。中欧合作开发第三方市场是国际产能合作的系统效应体现。中欧合作开发"一带一路"市场前景广阔。

比如，在交通、能源、环境领域，中欧可以共同投资，共同推动合作项目。对外援助是这方面的典型例子。中国对外援助不设政治条件，而欧洲发达国家按照联合国千年发展目标必须拿出 GDP 的 0.7%用于援助欠发达国家，但往往设置许多政治条件，钱花不出去。通过中国做对方工作，才能让对方接受，完成发达国家的全球治理责任。因此，中欧合作开发第三方市场是全球治理的互补合作。这一点，在"一带一路"沿线 65 个国家，包括中亚、西亚、东南亚、中东、中东欧等地，表现得更加明显。

三

人类进入海洋时代，中国落伍了。中国直到成功消除北方威胁，才开始走向海洋。沧海桑田，时移世易。当今世界，正经历着内陆文明走向海洋文明、海洋商业文明走向海洋工业文明的大交替。

人类的海洋工业文明起源于全球化,而凸显于可持续发展时代。向海而兴,背海而衰,这也是很多国家民族的历史都证明了的一个事实。特别是在当今世界,随着地球人口的日益增加,生活环境恶化与水土大量流失,地球上的陆地已不堪重负,而海洋正在成为人类第二生存空间。海洋拥有丰富资源和广阔领域:海洋占地球面积的71%,其中矿物资源是陆地的1000多倍,食物资源超过陆地1000倍。海洋已经成为世界各国高科技竞争的新热点,越来越受到人们的高度重视与关注,内陆文明纷纷走向海洋,谁拥有海洋谁就拥有未来。可以说,21世纪是人类开发"海土"的世纪,人类将进入海洋工业文明新纪元。

人类重估"海土"价值,处于"第二次地理大发现"的前夕。不同于第一次地理大发现时海洋只是作为商路、殖民扩张的通道,如今海底的价值凸显出来。人类进入了新海洋时代——"深海时代"或曰"海洋时代2.0"。海权论之父马汉曾把全球海洋命名为"一条广阔的高速公路,一个宽广的公域"。如今,海洋不再只是全球公域的组成部分,而是在孕育着下一轮全球化的动力。正是看到这一点,一些国家掀起了与工业革命前期"圈地运动"类似的"圈海运动"。"圈海运动"吹响海洋商业文明向海洋工业文明迈进的号角。

如今,中国迎来了弯道超车的历史性机遇。中华民族走向海洋,通过"一带一路"解除了海防—塞防的纠结,迈入"海上中国"时代。"海上中国"的崛起发生在"四个现代化"大体完成之际。工业化向海洋方向寻找出路,标志着海洋工业文明时代的来临。海洋时代2.0是"海上中国"崛起的时代背景。2011年全国海洋生产总值逾

4.5 万亿元，GDP 的近一成来自海洋。海洋经济已成为拉动国民经济发展的有力引擎。"海上中国"的崛起，初见端倪。

如果说 16 世纪开始的海上之争，是欧洲国家通过海洋征服各大洲的陆地；21 世纪的海上之争则是不同国家通过岛屿争夺海洋的海底。在这种时代背景下，中欧再次携手，走向深海。

两大原因，促进中欧海上携手：一是可持续发展的需要；二是海洋治理的需要。

中欧都面临着可耕地、资源的约束，必须走可持续发展之路。在这种背景下，中欧都将眼光越来越多地放在了深海。"一带一路"伟大倡议，尤其是 21 世纪海上丝绸之路，给中欧海洋合作开启了伟大历史机遇。容克计划中提出的港口改造计划以及海底经济开发，乃至北极航线的开辟，给中欧在海上丝绸之路的合作描绘了广阔前景，中欧海洋伙伴关系十分期待。

海洋对于欧盟及成员国的重要性不言自明：欧盟 28 个成员国中有 23 个国家临海，沿海地区人口在欧盟总人口中占到一半左右，沿海地区经济总量也占到欧盟的近一半；欧盟外贸额的 90% 及内部贸易额的 40% 依靠海运完成；若仅就面积而言，欧盟拥有世界上最大的"蓝色国土"，主要分布在大西洋、北海、波罗的海、黑海和地中海，总面积大于其陆上管辖范围。欧盟成员国历史上的发展总是与海洋相关，海洋资源的开发、海洋空间的利用直接关系到欧盟多个成员国的经济命脉，航运业、渔业等行业是欧盟仍保有国际优势地位的重要产业。

中欧海洋合作，正如"一带一路"强调战略对接一样，希望寄托于中欧海洋战略对接。欧盟海洋战略内容与欧盟海洋与渔业委员所负责的全部事务相吻合，主要体现在一体化海洋政策（Integrated Maritime Policy）之上。一体化海洋政策主要针对一些无法单纯按产业政策归纳或要求部门间协同处理的事务，从内容上大致包括海运物流、海洋安全、海洋经济、海洋空间规划、数据共享、海洋保护五个方面内容。中欧海洋战略对接，首先体现在这些方面：

其一，中欧海上航运、物流合作。中国和欧盟的贸易规模巨大，欧盟是中国第一大贸易伙伴，每时每刻都有大量货物往来，其中80%通过海上运输。21世纪海上丝绸之路，是链接亚非拉的友谊之路、贸易之路、合作之路。海上丝绸之路抵达亚的斯亚贝巴，链接亚非欧。中国经营希腊比雷埃夫斯港，是中欧海上航运、物流合作的典范。从中国的沿海通过苏伊士运河经地中海到达比雷埃夫斯港，是中国到欧洲最短的航运距离。把中国到比雷埃夫斯港的这条海上航线建设好，它就能成为中欧贸易发展十分重要的又一条大通道，比雷埃夫斯港就会成为中国到欧洲的重要门户。中希双方在修船业、船舶制造业等展开合作，并从比雷埃夫斯港开始逐步改造从希腊通向欧洲腹地的铁路干线。同时，中希还在推进航运产业合作。希腊是世界船舶运力第一大国，中国是世界船舶制造和货物进出口第一大国，也是希腊船东最主要的造船基地。双方合作正在向以航运为龙头的全产业链扩展，覆盖工业和服务业诸多方面，包括设计、营销、运输、物流仓储、金融保险等多个环节，实现优势互补。中国正在致力于推动中欧铁路大通道建设，同时已经在希腊比雷埃夫斯港进行了大量投资，并计划从这一港口出发建设通往欧洲中、西部的高速铁路网络，海上、路上交通运输的发展成为了进一步合作的推动力。

其二，中欧海洋安全合作。欧盟十分重视海洋安全问题。《欧盟海洋安全战略》指出，对于欧盟而言，联盟、成员国及国民的安全是欧盟海洋安全利益的核心；海洋争端的和平解决、关键基础设施的维护、保证通航自由、打击非法跨境活动等也被列入欧盟海洋安全利益之中。法国、英国、荷兰、葡萄牙、西班牙有广阔的海洋边界和海洋治理经验，推动中国与这些欧洲国家的合作，前景广阔。在解决国际海洋争端时，中欧双方也可展开合作，应致力于将国际法和历史事实都纳入海洋划界的参考范围内。在维护某一区域海洋和平建设时，中欧应推动与区域国家的合作及政策相通。在共同打击海盗和海上恐怖主义活动问题上，中欧有着许多具体的合作经验，这可成为中欧海洋和平合作发展的基石。2009年，为共同执行索马里反海盗任务，维护海上通道安全，中欧携手开展"亚特兰大行动"，取得了很好效果，积累了战略互信，增长了合作经验，产生了良好的示范效应，预示着中欧在海洋安全领域有着广阔的合作空间。

其三，中欧合作发展海洋经济。发展海洋经济是欧盟海洋战略的另一核心内容，2012年欧盟委员会提出了"蓝色经济"和"蓝色增长"，以"蓝色增长"（Blue Growth）为名的经济发展计划也成为海洋战略的亮点所在，意在推动海洋经济向可持续方向发展，以更健康的方式创造就业机会，促进海洋资源开发和沿岸经济复苏。所谓"蓝色经济"主要涉及能源、水产、旅游、采矿、生物科技五个行业。此外，欧盟还针对具体海域不同的资源蕴藏情况和开发经验制订了相应的开发利用计划，供成员国政府参考并指导相关成员国间的经贸合作。中国走向海洋，也在制订类似的海洋经济发展计划，完全可以与欧洲对接。特别是，从技术研发到商业化还需要一些时日，中国在深化探测技术等新领域具有优势，这为中欧合作开发"蓝色经济"及第三方市场，提供了现实基础。

其四，中欧海洋空间规划合作。海洋空间规划问题在海岸地区管理问题（Coastal Zone Management）的基础上进入欧盟议程。随着新能源设备、水产和其他经济增长部门的发展，海洋空间竞争加剧，使得海洋空间统一规划变得尤为重要。欧盟于 2008 年出台《海洋空间规划路线图》，并于 2013 年通过《海洋空间规划政策指令》，提出应在尊重国际法和既有地区性条约的基础上推动国家间对话，以减少不同经济部门利用海洋空间时的冲突、刺激投资、增进跨境合作与协调。中国是走向海洋的后来者，必须跟拥有国际海洋话语权的欧洲合作，制定海洋空间规划。

其五，中欧海洋资源、数据开发、共享。欧洲在海洋资源开发、渔业、航运业等领域拥有先进的技术、丰富的经验，而中国在海洋资源结构、渔业等领域也有着自身独特的优势，中国上千年水产养殖的经验加上欧洲的新技术，可以有力推动水产业可持续发展，正是这种产业结构上的差异可以成为两者优势互补的契机。此外，双方在加强渔业管理合作、打击非法捕捞等领域有着合作的空间。中国早在 20 世纪 90 年代便提出了科技兴海战略，与欧盟的海洋产业合作可以成为中方海洋产业结构调整与升级的关键点。支持和鼓励数据共享是欧盟海洋战略的一大特色，在海洋安全战略、海洋经济发展计划和海洋空间规划当中均有所体现。开发和利用海洋资源必须建立在人类对海洋的了解之上。为此，针对海洋安全问题，欧盟联合相关国家和研究机构建立数据共享平台，即"协同海洋监控系统"（Integrated Maritime Surveillance），帮助成员国边境、渔业、海关、环保、国防等部门的管理活动；针对海洋经济问题，欧盟推出了"海洋知识 2020 计划"，统合成员国海洋研究数据和资料，帮助企业、政府和个人进行海洋经济研究和科技研发；为更好地开发利用海洋资源、合理规划海洋空间，欧盟还制定了"海盆战略"（Sea Basin Strategies），对欧洲各海域进行针对性研究。在"蓝色增长"计划中，欧盟也提出要合欧洲各国之力完成欧洲海底地图的绘制工作，并建立在线信息共享平台，为"地平线2020"（Horizon 2020）科研资助项目和成员国海洋研究项目提供信息支持。信息互通是合作的重要前提，而相互间的信息不对称会成为双边合作产生疑虑和不信任的重要因素，特别是作为人类探索尚不完全的海洋，信息共享显得尤为重要。中欧双方都应加速对各自辖区内海洋的探测力度，建构起全方位、多层次的海洋信息数据库；同时，"地平线2020"科研规划和网络信息共享平台有利于获取已有研究成果，推动双边海洋科学研究上的合作，并以科技合作推动经济等方面合作的深化。

其六，中欧海洋环境保护方面的合作。对海洋的开发要避免陆地上类似的污染。海洋环境保护的关注也贯穿于欧盟海洋战略始终。2008年的《欧盟海洋战略框架指令》实际上是针对海洋环境问题提出的。该文件认为，应当以生态系统的保护为基础管理人类对海洋的开发利用，提出了"良好环境状况"（Good Environmental Status，GES）标准，并对成员国海洋战略提出了环保检测的基本要求。欧盟的海洋环境保护政策基本上沿袭了这一指令的要求，后续的环境检测和评价工作一直在欧盟环境委员的领导下进行。中国的近海污染问题提出，走向海洋也是保护海洋、善待海洋的过程。与欧洲在印度洋、北冰洋等海域的环保合作十分必要，前景广阔。

第十六次中欧领导人会晤发布的《中欧合作2020战略规划》，

提出了中国与欧盟在海洋领域的合作，提出加强在海洋综合管理、海洋空间规划、海洋知识、海洋观测与监测、海洋科技研发、海洋经济发展、海洋能源利用方面的交流与合作。中欧将各自海洋发展战略对接，共同致力于维护海上通道安全——正如索马里反海盗所显示的，包括为维护海上非传统安全而举行的联合演习，建设海上航运、物流中心——正如希腊比雷埃夫斯港所呈现的，将"中欧合作2020战略规划"予以落实，条件成熟时可共同创立"海上合作组织"，致力海上秩序的共同维护，打造亚非欧合作的新版本。双边与多边协调推进、政策与理念相得益彰，有效管控分歧，成为中欧海上丝路合作的可行途径。

四

欧洲是全球发达国家最集中的地方，拥有传统的资金、技术、人才优势。欧洲的加入意味着"一带一路"更大的包容性和更高的标准，"得欧洲者得天下"。

但中欧合作也有一些障碍。比如欧洲倡导的规则导向的全球化与中国倡导的发展导向的全球化存在冲突。欧盟提倡"一刀切"的高标准不适用于"一带一路"沿线不发达国家等。过去欧洲人对"一带一路"的质疑主要是债务、透明度、环保和可持续等标准问题。欧洲人了解"一带一路"的过程，也是了解中国模式的过程。

在合作中，我们有必要抓住一些"要领"。

首先，做大蛋糕，分好蛋糕。

欧洲本身就有互联互通和一体化的任务。比如"容克计划"，

"三河"（易北河、多瑙河、奥得河）通"三海"（波罗的海、亚得里亚海、黑海）计划，泛欧铁路网 9 条走廊线路改造，西欧基础设施升级，填补中东欧基础设施"洼地"，"南部天然气走廊"计划等。在基础设施领域，欧洲和"一带一路"目标高度契合，双方可以进行优势产能互补。在欧洲内部，中国可以对接"容克计划"；在外部，中欧可以共同开发第三方市场。"一带一路"沿线很多国家都曾是欧洲的殖民地，欧洲人更了解这些市场，经验也更丰富。

需要注意的是，中欧合作要妥善处理利益平衡问题。欧洲的事情比较复杂，要做一些符合他们利益的做法，不能将非洲和国内的经验简单照搬过来。

对于中国的投资，欧盟一方面欢迎各国竞标，另一方面又担心这些项目会抢走地区的就业、违反了欧盟的原则，失去顶尖技术和知识产权的优势。比如德国政界就曾以担心技术外流为理由，多次要求阻止美的收购库卡机器人。因此，在"一带一路"产能合作、自由贸易、共同投资第三方市场的中，既要做大蛋糕，也要分好蛋糕。

其次，针对欧洲多层治理，"一带一路"多层对接。

政策对接是项目合作的第一步。在政策对接的过程中，不能简单以国家为单元，要了解欧盟多层治理的概念。欧洲五层治理结构——欧盟、大区、省、市、县。沟通既要从上而下，也要从下而上。第一要遵守欧盟的原则和法律，第二要对接各国的发展计划和政策，第三要了解国家内部各层级的政策。

大区和中央政府政策不一样，但两者地位是平等的；欧盟各国既是一个独立的国家，也是欧盟的一员，在基础设施、贸易、投资方面采用欧盟的统一标准。比如中东欧的一些国家将一部分权力让渡给欧盟，在这些国家的项目就要和欧盟沟通。

建议在各区域中找一个示范国家，以带动各个地方的积极性。比如西欧的希腊，中东欧的捷克和匈牙利，北欧的荷兰，南欧的意大利等。

中国—中东欧"16+1"合作目前是一个亮点。当前中东欧国家"向东看"，希望可以成为连接欧亚的桥梁，这些国家参与"一带一路"建设最为活跃。英国脱欧后更看重"一带一路"发展机会，积极对接"英格兰北部振兴计划"与"一带一路"倡议。英国的金融服务业很强，在资金联通领域可以有所作为。

最后，抓住合作亮点，从文化角度切入。

数字互联互通也是一个亮点。在互联网和移动通信市场上，欧洲现在落后于中美。世界上十大 IT 行业，四家在中国，六家在美国，一家都不在欧洲。

中国和欧洲在单一数字市场上有很大的合作空间。比如 5G，中国现在已经走在了 5G 的前沿。德国应该汲取经验，选择和中国联手。网络安全、电子商务、共享经济也是切入点。比如摩拜单车进入英国以后口碑很好。

还有一个切入点是文化。中国是丝绸之路的起点，欧洲是丝绸之路的终点。"一带一路"建设的民心相通之道，不只是加强相互了解，更在于创造共同记忆、共同身份、共同未来。

中国和欧洲在倡导多边主义和开放包容合作理念，支持自由贸易和推动全球化，支持气候变化《巴黎协定》等领域目标一致。2016年习近平主席在乌兹别克斯坦提出了打造绿色、健康、智力、和平的丝绸之路，恰恰符合欧洲心目中理想的丝绸之路。

因此，无论是"一带"还是"一路"，中国都必须抓住欧洲。这就不难明白中英在大国关系中率先签署共建"一带一路"政府间合作协议的重要意义：抓住欧洲。香港作为英国的前殖民地，在金融、法律、信息等方面与欧洲市场相通，可成为中欧合作开发"一带一路"市场的前沿和先锋。

（2015 年 9 月 15—16 日，作为中欧人文交流机制配套活动，BACES、VUB 等在布鲁塞尔举办主题为"中欧四大伙伴关系"中欧智库论坛，笔者应邀做专题发言"'一带一路'赋予中欧建立平等伙伴关系的历史契机"，此文在发言基础上修改而成）

"一带一路" 圆梦欧亚互联互通

请用三分钟介绍一下中国的"一带一路"倡议。这是笔者常常遇到的挑战，甚至常有老外要求用一句话给"一带一路"下定义。

2016 年 2 月 2 日下午，笔者应德国外交部邀请在"盘点中国的'一带一路'倡议"内部研讨会上，本来要求十分钟介绍"一带一路"进展与中欧互联互通平台时，又遇到了这种情形。德国外交国务秘书艾德和大使在开幕式致辞时抛出一系列问题："一带一路"到底想干什么？是否意味着欧亚大陆地缘政治的回归？如何处理与欧盟睦邻政策、中亚政策的关系？与欧盟、欧安组织的互联互通计划如何对接？……笔者发言时先得占用正式发言的三分钟做出简洁回应。当晚，应我国驻德国使馆邀请，在"全球之桥"（global bridge）晚宴上，又用三分钟向在座的德国联邦议员、企业家和美国前驻德国大使、记者阐述"一带一路"。

如果一句话来描述"一带一路"，就是欧亚大陆的互联互通，实现包容性全球化。

为什么说全球化不够包容？自从古丝绸之路中断后，欧洲人走向海洋，通过地理大发现殖民世界，开启所谓的全球化。然而，这是真正的全球化吗？打开"夜晚的世界"图可以发现，只有那些生活在日本、北美和欧洲发达国家沿海地区灯火辉煌，证明实现了现代化，而在世界的其他地方卫星上看不到灯光，依然生活在"贫困的黑暗"之中，所以"一带一路"就是要让所有人在晚上都有电，见到光，这才能搞工业化。按照世界银行数据，当今世界产出的八成来自于沿海地区的一百公里的地带，因为地球71%的面积被海洋覆盖，90%的贸易通过海洋进行。这种西方中心的海洋型"全球化"其实是"部分全球化"（partial globalization），我们还需要更多的互联互通，帮助内陆地区寻找海洋，帮助南方国家实现工业化，助推人类文明的共同复兴，打造更包容的全球化（inclusive globalization）。

为什么要实现欧亚互联互通？工业革命起源于英国，几百万人口实现工业化，到了欧洲大陆上千万级人口，到了美国上亿级人口，如今金砖国家几十亿人在实现工业化，而我们还依赖近代以来欧洲人地理大发现所开凿的海峡、运河、航线，显然是小马拉大车。在美欧国家，物流成本占GDP的比率为6%—8%，而亚洲大多数国家，这一比率要达20%。这样带来的结果是亚洲国家的产品和产业竞争力很难上去。作为中国提出的全球化公共产品与合作倡议，"一带一路"着眼于"世界岛"——欧亚（非）大陆的互联互通，堪称"第二次地理大发现"，不仅解决中国经济发展模式转型，也是为了降低物流成本，提升亚非国家的比较竞争力，消除内陆与海洋国家、地带的发展差距，实现联合国2030年可持续发展议程和人类的长治久安。

如何实现欧亚互联互通？15世纪奥斯曼土耳其帝国的崛起切断了两千年的古丝绸之路，欧洲人被迫走向海洋，导致欧亚大陆文明的衰落。重振丝绸之路成为丝绸之路沿线许多国家的共同梦想。然而自古以来，打通欧亚大陆靠战争、靠征服，从大流士、亚历山大、恺撒、奥斯曼、成吉思汗到近代的西方殖民战争。人类步入铁路时代，欧亚铁路计划为实现欧亚大陆互联互通的百年梦想提供技术支撑。于是有了德国一战前的柏林—巴格达铁路规划，有了联合国开发计划署的欧亚大陆桥设想。在人类从传统铁路迈入高速铁路的进程中，中国实现了弯道超车，在短短 10 年时间修建了 2 万公里的高铁（占世界的 3/4 以上），一跃成为高铁大国、高铁强国。这就是中国提出"一带一路"的底气。而中国充足的外汇储备和强大的建造能力，则是"一带一路"建设的重要资本。截至 2015 年 10 月底，中国各地已经开通 23 个欧亚快线，比海运缩短一半时间，当然成本也高出海运一倍。比如，渝新欧铁路从原来的海运 35 天缩短到 16 天，成本6000—8000 美元/集装箱，较海运 3500 美元/集装箱高出一倍以上，看起来不划算，只能靠当地政府补贴，主要是未达到规模经济，政策、技术联通不够，返程几乎空载。为此，"一带一路"提出实现"五通"：政策沟通、设施联通、贸易畅通、资金融通、民心相通，这就从时间上超越欧洲一体化的商品、劳动力、服务及货币的四大自由流通；空间上实现陆海联通，东西呼应，实现规模、系统效应，才能彻底降低物流成本，提升内陆地区的比较竞争力，让欧亚大陆互联互通计划获得可持续发展，超越了古丝绸之路与传统全球化。

何时实现欧亚互联互通？"一带一路"倡议与实现中华民族伟大复兴的"两个一百年"的奋斗目标密切相连：

第一阶段：到 2016 年，夯实基础：基础设施开工，沿线形成共识。自由贸易区（10+1，中—海 FTA，RCEP，中—斯 FTA）建设实现突破；

第二阶段：2024 年一体化格局形成：沿线国家高标准自由贸易区网络基本形成；通往波罗的海和印度洋的战略通道安全畅通；

第三阶段：2049 年建成以中国为主的利益、责任、命运共同体：两翼齐飞，"五通"基本实现，确立中国在周边事务和全球治理结构中的主导优势。

中国最晚提出丝绸之路复兴计划，为何超越其他国家的丝绸之路复兴计划：

1）古代——秦始皇"书同文，车同轨"。

2）现代——门类最全、独立、完整的国防—工业体系。

3）当代——国内互联互通基本完成。

"一带一路"旨在圆梦欧亚大陆互联互通的百年憧憬，携手开创全球化 3.0 版，融通中国梦与世界梦：

	单元	载体	动力	法则
全球化 1.0	文明	欧亚大陆	贸易+文化	丝路精神
全球化 2.0	民族国家	海洋	贸易+投资	西方中心
全球化 3.0	文明型国家	"一带一路"	互联互通	合作共赢

如果我们把作为古代东西方贸易与文明交流之路的丝绸之路称为全球化 1.0 时代：其单元是文明，载体是欧亚大陆，动力是贸易+文化，遵循的"和平合作、开放包容、互学互鉴、互利共赢"的丝路精神；把近代西方开创的全球化称为全球化 2.0 时代：以民族国家为单元，通过海洋实现全球贸易+投资扩张，确立西方中心世界；那么，"一带一路"是 21 世纪的跨洲际合作倡议，不只是打通历史上中断的丝绸之路，而是借助丝绸之路的历史概念，开创新型全球

化——全球化 3.0 时代：秉承"万物互联"（ANT all things connected），运用 3D 打印机、大数据和智慧城市，推动 E-WTO 进程，开发和应用包容性技术——改变传统技术让强者更强、弱者更弱的状态，创新和实施包容性制度安排——推动国际贸易、投资规则更加公正、合理、包容，开创包容性全球化——实现持久和平、共同繁荣的千年梦想。

（2016 年 2 月作者在德国外交部的演讲）

欧洲对"一带一路"的真正担心

欧洲人对"一带一路"的心态变化，曾经的抵触源于利益与标准之争。"一带一路"国际合作高峰论坛闭幕联合声明贸易部分遭欧洲抵制而推迟发表并不得不改动，就已经预示着中欧两种全球化之争：中国主张的发展导向全球化 vs 欧洲主张的基于规则的全球化。

"一带一路"在新时期推行开放、包容、均衡、普惠、可持续的全球化，倡导将分裂的世界、分割的市场互联互通起来，形成平等、横向的合作架构，解决跨国公司全球分工所推行的发展中国家向发达国家单向度开放，或主要是发达国家间联系的全球化所产生的不公正、不均衡发展问题；倡导战略对接，将发达国家、发展中国家、新兴国家最广泛连接在一起，真正实现东西、南北、中外、古今的大融通。

这种理想遭遇现实困境的严峻挑战："一带一路"之六大经济走廊沿线 65 国中，有 8 个最不发达国家，16 个非 WTO 成员国，24 个人类发展指数低于世界平均水平的国家，如何能"一刀切"实行欧洲倡导的高标准市场原则？

　　"一带一路"的成功在于实事求是，倡议最初源于开发性金融实践，弥补市场经济发育不良与基础设施短板的双重困境：不同于商业性金融和政策性金融，开发性金融不只是金融活动，同时还是一个制度建设的活动。"一带一路"沿线很多国家的市场经济制度不健全，中国就希望通过金融服务的推广来帮助这些国家进行制度建设。这就是开发性金融；其次是基础设施先行的工业化：过去，中国有"火车一响黄金万两"的说法，改革开放又有"要致富先修路，要快富修高速，要闪富通网路"的脱贫致富经验，让世人尤其是发展中国家的人民很容易为"一带一路"四个字所打动。近 40 年改革开放，中国将 7 亿人脱贫致富，占联合国千年发展目标脱贫贡献的七成，这是激励许多发展中国家愿意跟着中国走，积极融入"一带一路"的最直接动因。没有基础设施，就很难实现工业化；没有实现工业化，民主化就注定失败。

　　中国主张，发展是解决所有难题的总钥匙；规则当然重要，但要不断成熟、循序渐进形成。中国改革所探索出的政府—市场双轮驱动经济发展模式正在补"一带一路"沿线国家发展短板，带来基础设施建设的第一桶金，通过养鸡取蛋而非杀鸡取卵，增强自主发展能力，同时培育了新的市场。像乌兹别克斯坦这样的双重内陆穷国，按市场经济是很难获得国际金融机构贷款的，但获得了中国国家开发银行贷款，彰显"政府+市场"双轮驱动的中国模式魅力。印尼雅万高铁之所以中方击败日方胜出，就在于中方绕开了印尼方政府担保的前提，背后都是中国国有银行的支持。中国改革开放探索出一条工业走廊、经济走廊、经济发展带模式，先在沿海地区试点，继而在内陆港口城市和内陆地区试点推广，形成经济增长极、城市群，带动整个中国的改革开放。现在,"一带一路"要让非洲市场以点带线、以线带片,从基础设施(港区铁路贸五位一体)互联互通着手,帮助非洲获得内生式发展动力,形成经济发展带,实现工业化和农业现代化,共同脱贫致富。

当然,认知方式差异也是个问题。欧洲对"一带一路"的担心,其中之一是文化差异的原因造成的,这是中欧双方的问题。中国人的做事方式,是比较随机应变、有机和灵活,较少机械式和决定论式,事情的结果往往是各种因素和力量汇聚之后的产物。而欧洲人尤其是德国人比较"一根筋",会先明确界定目标,接着设定实现这一目标的计划,必要地动员资源,然后朝向目标前进,其运作的背后都有一套渴望实现的目标作为驱动的力量,以及能够看到、获得的实打实的利益。在他们这种"一根筋"之下,确实是比较难理解"一带一路"的内涵,甚至是出现了误解。

看来,"一带一路"遭遇的最大风险并非来自沿线落后国家,而是发达国家!发达国家对"一带一路"的普遍质疑有债务问题、标准问题、地缘政治、透明度问题、公开采购等。这些质疑,集中反映了发达国家对中国模式以及中国模式走出去的方式、成效的质疑,只要当他们最终认识到中国模式具有普适性时,这些质疑才会逐渐消失,而这又是对发达国家所标榜的普世价值的致命冲击。这些质疑通过发达国家对国际舆论产生影响,也深入影响到国内舆论,甚至形成国内外质疑"一唱一和"的局面。

G20 汉堡峰会设立"可持续基础设施"专题,德国方面希望形成各方遵守的原则,于是问题来了——以 G20 统筹"一带一路",还是以"一带一路"统筹 G20;发展导向的全球化还是规则导向的全球化，这两种博弈已经开始，这才是我们最要关心的欧洲对"一带一路"态度变迁。

（2017 年 11 月 8—9 日，参加第五届华沙安全论坛并在"一带一路"专场发言"'一带一路'引领中欧合作"；2017 年 9 月 7 日，参加中国驻捷克使馆、布拉格查理大学共同举办的"'一带一路'与中捷合作"国际研讨会。此文在两次发言基础上整理而成）

如何用爱因斯坦公式讲"一带一路"

　　"1871 年德国统一后，为何法国就不是其对手？一个重要原因就是俾斯麦建立起四通八达的铁路网，而法国则是条条大路通巴黎，有利于国内垂直控制而不利于应对外来威胁！"日前在中国驻奥地利使馆论坛讲述"一带一路"时，笔者的开场白一下子让同样说德语的奥地利人明白"一带一路"的要旨了：开创横向互联互通的全球化，纠偏垂直型纵向全球化。

　　笔者接着说，天下大势，分久必合，合久必分。欧洲人开创的全球化，分有余而合不足，分的哲学制造了竞争和对抗；合的哲学才能创造规模和系统效应。"一带一路"的理念正是合、通、和、同，以互联互通而不是历史上帝国扩张的方式实现"合"——天下一家，"通"——政策、设施、贸易、资金、民心"五通"，"和"——世界和平发展，"同"——利益、责任和命运共同体。"一带一路"把发展中国家、新兴经济体和发达国家串在一起，是当今世界发展导向的全球化。演讲以爱因斯坦公式 $E = MC^2$ 为结语：欧洲（E）文明的第二次复兴机遇正在于建立与中国（C）通过欧亚大陆（C）的互联互通（M），这也是欧洲的天命。

演讲引发了与会者的极大兴趣，纷纷发问："'一带一路'有没有秘书处啊，奥地利要加入'一带一路'的话跟谁联系呢？""我们奥地利想建立'一带一路'学术中心，配合即将建立的中国文化中心，该跟中国哪家机构合作呢？"当笔者分析全球金融危机的一个重要教训是金融过度创新而陷入奥地利籍美国经济学家熊彼特所说的"创造性毁灭"，美国推行新自由主义全球化导致热钱泛滥成灾，美国借此干涉他国内政甚至颠覆一个国家政权时，更是引发与会奥地利政界、学界、商界、媒界的普遍共鸣，纷纷感慨："我们欧洲人深切理解中国通过'一带一路'逐步建立自己支付体系的决心，希望人民币国际化更多借助欧元来实现啊！"

"一带一路"如何激活发达国家优势？

"一带一路"之难并非风险所能概括，首先难在融资，因为项目众多，基础设施投入大，周期长，见效慢，中国的投资是种子基金，要撬动世界投入，才能成功。"一带一路"要从概念股到绩优股、众筹股，发达国家的参与至关重要。欧洲对中国崛起和丝绸之路是发达国家中最有感觉的，是建设"一带一路"的天然合作伙伴。笔者演讲于是着重分析"一带一路"给欧洲和奥地利带来的好处。中国文化有成人之美的品德，"一带一路"正成就发达国家的新优势：

一是激活历史联系，成就区位优势。奥地利地处欧洲中部，是欧洲重要的交通枢纽。哈布斯堡王朝、奥匈帝国在历史上塑造了奥地利独特的区位优势——联系中东欧的核心，尤其是对中东欧融资的轴心，与巴尔干国家关系密切。因此，奥地利是首批中国—中东欧合作

（16+1）的观察员，希望加强与中国开拓中东欧、巴尔干第三方市场的合作，同时也感受到压力：维也纳中东欧航空中转站的地位遭受诸如布拉格直航中国三城的挑战。

二是发挥现有资源，强化比较竞争优势。奥地利是永久中立国，1995 年才加入欧盟。维也纳是传统欧洲外交中心，联合国原子能机构、联合国工业与发展组织和欧安组织等国际组织所在地，有望打造为"一带一路"国际法服务和仲裁中心，强化奥地利参与"一带一路"的比较竞争优势。

三是挖掘未来潜力，打造创新优势。奥地利的技术和中国技术市场化能力结合，已在"中奥苏通生态园"开花结果，在"一带一路"和"16＋1"框架下将大有可为。奥地利工业 4.0 与"中国制造2025"的对接，是全球双环流价值链体系的重要一环，必将打造奥地利创新优势。中国文化中心即将落户维也纳，必将激发文化创意产业的中奥融合。奥地利冰雪行业也在瞄准北京冬奥会机遇，希望打造音乐之外的健康丝绸之路。

己欲立而立人，己欲达而达人。"一带一路"成功之道，就在达人。达人最终才能达己，己与人融合为命运共同体。发达国家的合作关乎"一带一路"成功。在中欧合作五大平台对接下，中国与奥地利及其他中东欧国家合作，必将达人，创造梦梦与共、天下大同的奇迹。

如何在发达国家讲"一带一路"？

笔者赴欧盟一半以上的国家讲过"一带一路"，深切体会到，讲

好"一带一路"故事,关键是将"我的"变成"我们的",激活历史优势,发掘现实优势,开拓未来优势:

一是主动引领。此次使馆论坛,笔者先主动分析并化解欧洲人对"一带一路"的担心——欧洲倡导的规则导向的全球化与中国倡导的发展导向的全球化冲突;担心中国输出过剩产能,担心来自中国国有企业的不公平竞争;中国发展模式的示范挑战西方普世价值;中国市场不够开放、改革不到位,如何在国外推市场开放?"一带一路"如何处理南海争端、中印边境争端;中国有无不可告人的战略企图(Hidden agenda);中国强调的"双赢"(Win-win,)是中国赢双份啊(China wins twice),这就让奥方聚焦在如何合作的主题上,而不是像往常那样有限的沟通时间耗在释疑解惑上。中国驻奥地利使馆李晓驷大使到任后创造性设立使馆论坛,创新公共外交形式,全程用英文主持,确保高水准、最广泛参与,本身就树立了主动引领的榜样。

二是开诚布公。"一带一路"没有中国利益是不可能的,以前我们对外宣介比较避讳这一话题。现在,笔者讲清楚"一带一路"就是要赚钱,但追求互利双赢,尤其是帮助发展中国家实现自主发展,让西方明白时代之变,中国之道。此次对人民币国际化对冲美元风险的分析,非常能博得奥方认同。

三是设身处地。到什么山上唱什么歌。奥地利是德语区,但不是德国。举德国例子,对方不高兴。笔者不太了解奥地利,更了解德国,演讲中多以德国说明,对方有些想法。后经李大使提醒,引熊彼特、茨威格这些奥地利学者的话,效果就好多了。在欧盟国家讲"一带一路",还得先讲欧盟再讲成员国,笔者引用阿登纳所说"(欧洲一体化)不应该是束缚欧洲各国人民的紧身衣,而必须是他们赖以发展的共同依靠，是一种健康的、适应各自正常特性发展的共同支柱"，表明"一带一路"的三同、三体思想，比较能获得认同。

四是辩证讲解。"一带一路"不回避风险，不回避问题，尤其是照顾对方关切。维也纳自然博物馆，世界著名。笔者主动谈及气候变化，举巴厘岛的中国发电厂实现零排放为例，阐明绿色丝绸之路的理念，有效打消转移过剩产能的担忧。奥地利公共外交成功把希特勒说成是德国人，把贝多芬说成是奥地利人，充分反映奥地利趋利避害的心理。演讲中，笔者提及中欧班列回程空车率高，很大程度是由于欧洲对俄罗斯的制裁，顺着建议奥地利促进欧洲与俄罗斯和解，取得较好效果。进而指出，邻居是无法选择的。中国有 14 个陆上邻居，8个海上邻居，是世界上邻国最多的国家，因此崛起难，但也证明德之不孤，说明"一带一路"首要是与周边国家建立起命运共同体，借此也有效回应了奥方对中印、南海争端的担心。

五是给对方自信和期待。宣讲"一带一路"要打动人，挖掘对方传统优势，发挥现实比较优势，塑造未来竞争优势，是成功关键。对方便会跟着中国一起干，鼓励"一带一路"加油干！笔者演讲题目是："一带一路"与中欧文明共同复兴。回顾历史，欧洲通过文艺复兴、工业革命，引领海洋文明、现代文明；如今，"一带一路"连接中欧，激活欧亚，开创陆海联通新文明、互联互通新时代，欧洲再次复兴，指日可待。奥方听完很欣慰。的确，特朗普上台后，中欧软实力共同提升，也是佐证吧。

六是用对方话语讲。演讲中，笔者以丰富的"一带一路"沿线国家调研见闻，指出评价"一带一路"要听他们声音，间接提到媒体报道的偏见。比如，巴基斯坦第一大城市卡拉奇，由于缺电每年平均热死一千人；现在通过中巴经济走廊建设，巴基斯坦 2020 年将实现能源自给，就避免了此类悲剧。习近平主席两年前在联合国总部提出全球能源互联网计划，解决 12 亿多人没有用上电的问题，还减少碳排放，因此"一带一路"的"一"就是中国哲学的体现：统筹兼顾，标本兼治。佛说，点一盏灯，让世界亮起来。"一带一路"就是给世界点灯，是世界的希望工程，幸福工程。中国通过"一带一路"切实提升世界人权。这就通过欧洲话语体系、价值关怀，阐明了"一带一路"精神，很能获得认同。

（2017 年 7 月 21 日参加中国驻奥地利大使馆主办的使馆论坛，并发表"'一带一路'与中欧文明共同复兴"的演讲，维也纳）

中英合作共建"一带一路"的天然伙伴

如果说法国是对华政治上敢为天下先的西方大国，那么英国则是经济上对华合作的先行者。2015 年 3 月，英国不顾美国的反对在西方世界中率先加入亚投行，推动其他发达国家加入，引发亚投行热。英国的勇气、胆量与远见卓识，给世人留下深刻印象。

近年来，英国不断表态要成为西方国家中发展对华合作最积极的国家，率先与中国打造面向 21 世纪全球全面战略伙伴关系，中英合作迎来黄金时代。英国首相特里萨·梅访华，又有了英国脱欧的新背景，对华合作更紧迫了，正如伦敦国王学院中国问题专家克里布朗所言："脱欧后，英国（在加强对华合作方面）别无选择，脱欧可能是现代史上最糟糕的外交决策，但就推动英中关系发展而言，这或许是件再好不过的事情。" 如果中英签署共建"一带一路"政府间合作文件，将是首个西方大国与中国签署此文件，表明"一带一路"成为中英合作热点。英中贸协总裁傅仲森表示，"'一带一路'倡议可能成为英中关系最重要的组成部分"。

与法国务虚不同，英国较务实。本来英国是率先表态支持"一带一路"的西方大国，却让法国抢了个先。马克龙 2018 年初访华率先将"一带一路"写入中法联合声明，让英国很不爽。传出中英签署"一带一路"政府间合作文件，让其他西方大国望尘莫及了。英国财政大臣哈蒙德公开称"通过提供融资和规划，英国在'一带一路'沿线国家基础设施建设方面可成为（中国的）天然合作伙伴"。如何理解英国的天然合作伙伴角色呢？

概括起来，英国参与"一带一路"建设主要有五大方式：

一是战略对接。识时务者为俊杰。英国在抓住中国机遇的同时，中国也应抓住英国在高端制造业、文化创意产业、金融服务业等领域的技术、标准、话语权等优势，将中国硬实力与英国软实力对接，以中国"一带一路"与英国经济振兴计划对接，以中国经济转型与英国优势对接，开创中西合作、东西互鉴的新时代。地方发展战略对接，成为中英合作新亮点。英国近年来大力向地方下放权力，苏格兰、北爱尔兰、威尔士等地区自主权上升，脱欧更加大了北爱尔兰、苏格兰地区开展全球合作的动力。北爱尔兰、威尔士积极开展同陕西、湖北、重庆等省市战略对接，地方合作方兴未艾。

二是服务于"五通"。英国近年积极打造海外人民币离岸、清算中心。脱欧影响到伦敦全球金融中心地位，但英国在国际规则、标准和大宗商品定价权上影响甚大，正如沪伦通所显示的，英国仍然是中国难以取代的金融合作伙伴。作为老牌金融大国，英国参与"一带一路"对丝路基金、人民币国际化具有重大推进作用，极大服务于"一带一路"的资金融通。英国去年底设立10亿美元的私募基金支持"一带一路"建设，由前首相卡梅伦任主席。律所、会计、审计、金融、保险、能源等行业龙头企业摩拳擦掌，准备在早期介入的基础上进一步加大投入，如渣打银行已决定2020年前向"一带一路"项目投资至少200亿美元。英国积极支持贸易自由化和投资便利化,中欧班列延伸到伦敦,中英贸易畅通合作潜力向服务贸易、电子商务等新领域蔓延。"一带一路"沿线国家许多是英国的前殖民地,采用英美法律体系,因此中英合作推动"一带一路"建设的政策沟通、设施联通、民心相通,十分必要且意义重大。

三是开发第三方市场。不同于美国通过联盟体系实现霸权,英国是真正治理过世界的国家,派总督直接统治殖民地,包括许多现在的"一带一路"沿线国家。因此,中英合作开发"一带一路"市场,在"一带一路"沿线进行经济、安全治理合作,具有巨大的空间。英国经验、智慧、创意与中国模式、技术市场化能力结合,必将奏出"一带一路"建设的华美乐章。英国对第三方市场合作的理解比中国更丰富,包括法律、保险服务等,这对于推动"一带一路"建设从"走出去"到"走进去",实现中国制造、中国建造、中国服务在"一带一路"沿线当地化弥足珍贵。英国企业对参与中巴经济走廊项目很早就表示出兴趣,如能探索成功合作模式,产生早期收获,将形成良好示范效应。中法合作开发英核电市场,更成为"一带一路"第三方合作的典范。

四是国际产能合作。英国是工业革命的发源地,基础设施老化,还面临数字化的任务,产业空心化严重,四分之三是金融服务业,而中国是新型工业化国家,在高铁、核电、信息等基础设施方面具有后发优势。中英合作互补性强。英国每年新增330亿英镑的基建投资,但巧妇难为无米之炊,这为中国过热的国内基建投资走出去,开展国际产能合作,提供千载难逢的机遇。

五是共建海上丝绸之路。《中欧合作2020战略规划》提出,加强中欧在海洋综合管理、海洋空间规划、海洋知识、海洋观测与监测、海洋科技研发、海洋经济发展、海洋能源利用方面的交流与合作。作为全球海洋大国，英国历史上塑造了国际航运规则强大话语权，这些方面都可积极参与，尤其是海上航运、物流合作、海洋安全合作、发展海洋经济合作、海洋空间规划合作、海洋资源、数据开发、共享，以及海洋环境保护合作等方面潜力巨大。英国在国际航运规则制定上拥有关键性话语权，是海上丝绸之路建设的重要伙伴。中英若能打造海洋伙伴关系，不仅具体落实中欧和平、增长、改革、文明四大伙伴关系，也将大力推动海上丝绸之路建设。

具有全球眼光和实用主义精神的英国人，对华态度在西方大国里是最积极的，对华好感度比法国人、德国人高出5—15个百分点。由于历史上形成的英语作为世界语言、伦敦作为国际金融中心的优势地位，英国在新一代信息技术、先进材料、光伏产业、高技术服务等方面具有明显优势，是中国参与新一轮全球化竞争的最佳合作伙伴之一；鉴于其在"一带一路"沿线国家的政治、法律、语言文化等方面的传统影响力，英国也是中国"一带一路"战略的全球合作伙伴。不断挖掘相互合作潜力，不断深化社会交往基础，中英关系越来越成为新型大国关系的典范。

当然，英国对"一带一路"背后的中美地缘，国际体系竞争，环境、劳工等标准和透明度等问题仍然有疑问，对中国战略动机也存疑，对非洲等海外市场挤压颇有微词，中英对接"一带一路"合作仍缺乏机制性安排。英国的积极态度也与参与制定相关规则，确保中国遵守西方在全球投资、贸易、基础设施建设等领域设定的人权、劳工、环保等各项标准，从内部影响"一带一路"的相关规则制定、适用标准选择等有关，重大项目决策方面可能产生矛盾和摩擦，竞争博弈难以避免。发挥好香港的纽带作用，推动中英智库、信用评级机构、风险评估机构，法律争端解决机制合作，共同发布"一带一路"建设风险预测、绩效评估报告，推动英国私企、中小企业参与"一带一路"建设，形成早期收获，打造示范项目，显得尤为重要。

英国并非古丝绸之路国家，也非"一带一路"沿线国家，其积极参与不仅对增进我企业国际化水平和降低项目风险具有重要意义，也对"一带一路"建设本身具有全球示范意义，它充分证明，开放合作、和谐包容、市场运作、互利共赢，不仅体现丝路精神，也在开启全球化新模式。

（2016年4月12日参加国家外文局在伦敦书展举办的"'一带一路'：开启巨变的时代——王义桅对话马丁·雅克"活动。本文在此基础上结合最新发展总结而成）

法国为何高调支持"一带一路"

元旦刚过，法国总统马克龙抵达古丝绸之路的起点西安，开展对中国的首次国事访问。这也是党的十九大后中国接待的首个欧盟国家元首。除了尊重中国历史文化传统外，马克龙从西安开启首次访华行程，其缘由更多是西安是古丝路的起点。西安明年将举办"一带一路"国际合作高峰论坛。马克龙在大明宫发表演讲和会见习近平主席时均表示，法国、欧洲和中国的命运是相连的，欧洲应积极参与"一带一路"。

事实上，去年9月博鳌亚洲论坛在巴黎举行"一带一路"亚欧战略对接主题会议，马克龙接见出席会议中方代表时就曾表示，"一带一路"是中方提出的重大倡议，具有重要的政治、经济和文化意义，法方愿与中方在共同遵守相关规则和标准的基础上，积极参与"一带一路"建设，促进亚欧大陆和非洲的繁荣稳定发展。

法国为何高调支持并参与"一带一路"建设呢？

其一，通过参与引领对华合作。法国历来有独立自主的外交风格。发展对华关系，法国敢为天下先。1964年1月法国同中国建交，这是西方世界第一个同中国建交的大国，随后产生了多米诺骨牌效应，敲开了中国同西方世界的大门。法国希望引领西方国家在"一带一路"框架下加强同中国的合作，维护和提升法国在欧洲乃至世界上的地位。马克龙访华时表示，"一带一路"将像古丝路一样，在不同国家和文明之间架起沟通的桥梁，并将促进欧亚之间的互联互通。他说："欧洲和中国在'一带一路'方面的协调至关重要，法国将发挥积极作用。"我们有理由相信，法国可引领西方在"一带一路"框架下加强同中国的合作。

其二，通过参与维护和拓展海外市场。马克龙总统重视中国提出的"一带一路"倡议，期待中国增加在法国的投资，创造更多就业机会，减少法方的贸易逆差。2018年以后中国经济内需将逐步增长，中国的市场准入尤其是公共采购市场准入条件将会放宽，11月将在上海举办国际进口博览会，将有利于增加法国对中国的出口。法国国有铁路公司"丝绸之路"项目负责人格扎维埃·万德普庞惊喜地说，在"一带一路"框架下开通的"中欧班列"带来了"魔术般"的变化。"法国波尔多的红酒如今可以坐火车直接开到中国武汉，汽车、化工等行业的法国中小企业也迎来更多出口机遇……"法国比较重视第三方合作。2016年，马克龙任法国政府经济部长期间，中法签署了第三方合作联合声明，把非洲作为第三方合作的重要方向。马克龙担任总统后表示愿意继续与中国开展第三方合作项目。由中、英、法三方达成的欣克利角核电项目的实施，就是三方合作的典范。中法合作开发英国核电市场已经为"一带一路"框架下第三方市场合作树立了榜样。

其三，通过参与推销法国和欧洲标准。马克龙呼吁欧洲积极参与中国的"一带一路"倡议的同时也强调，中国和欧洲应该在"均衡

的伙伴关系框架"内开展合作，投资规则也应符合欧洲的标准和
"双方共同期待"。部分西方舆论担心，中国正利用"一带一路"计
划扩展在中亚乃至全球的影响力。马克龙就此指出，古丝绸之路从来
都不只是中国一家独有。他说："道路只能是共享的，它不可能是单
向的……（'一带一路'）不能形成新的霸权，将它所途经的国家变
成附属国。"看来，规则导向还是发展导向，是法国等西方国家参与
"一带一路"带来的新挑战。

其四，通过参与推广法国和欧洲理念：多边主义、多极平衡世界
观、全球治理等。在英国投票脱欧和美国总统特朗普及其"美国优
先"政策崛起后，TTIP被停掉，欧洲各国正在重新评估自二战结束
以来支撑其经济的贸易关系。为平衡大西洋关系，法国呼吁更关注欧
亚大陆。素来被称为法国总统马克龙"信使"的法国经济部长勒梅
尔去年底表示，法国希望经由俄罗斯，建立连接欧洲与中国的贸易
"主干道"，作为对抗日益不确定的与美英两国贸易关系的方式。"我
们正在从一个由非常排他的跨大西洋贸易关系主导的世界转向一个更
加平衡的世界。"勒梅尔表示。同时，法国十分看重"一带一路"所
展示的多边外交、全球治理和跨区域合作情景，希望通过参与推广其
理念。

法国是西方的中国，中国是东方的法国。两国具有漫长的文明
史，独立自主的外交传统，两国人民对本国的历史文化语言饮食具有
无限热爱和自豪，也对对方的历史文化十分向往。戴高乐将军的名
言——法兰西如果不伟大，那就不称其为法兰西——对中国自然也是
适用的，所以中国梦的定冠词是"中华民族伟大复兴"。作为东西方
文明代表性的两个伟大国家，中法关系的全球意义凸显。

英国脱欧后，法国成为欧盟内唯一的联合国安理会常任理事国，再加上德国总理默克尔目前组建联合政府遇到困难，因此中国若想影响欧盟对华态度，若要推动西方国家参与"一带一路"，就必须更重视同法国的关系。在会见马克龙总统时，习近平主席为此强调，中国主张构建人类命运共同体，法国也持相似的理念，两国可以超越社会制度、发展阶段、文化传统差异，增进政治互信，充分挖掘合作潜力。中国愿继续本着合作共赢的原则，密切同法国在各领域合作，加强在"一带一路"框架下的合作。

当今世界，法国有超越欧洲的全球影响力。非洲有近一半国家是法国殖民地且迄今仍然与法国联系紧密，法国的海域面积在世界上仅次于美国，是"一带一路"建设，尤其是开拓非洲市场、21 世纪海上丝绸之路建设的不二合作伙伴。

"一带一路"建设，与发达国家共商共建共享至关重要，资金、技术、人才、标准等，离不开西方企业。当然，我们对法国参与"一带一路"的战略动机、利益考虑和规则影响，也要心中有数，引导好法国的参与热情，打造成与西方共商共建共享"一带一路"的示范。

（写作于 2018 年 1 月）

捷克如何参与"一带一路"建设

为推进欧亚大陆的互联互通,截至 2015 年 10 月底,中国各地已经开通 23 个欧亚快线,比海运缩短一半时间。当然成本也高出海运一倍。比如,渝新欧铁路从原来的海运 35 天缩短到 16 天,成本 6000—8000 美元/集装箱,较海运 3500 美元/集装箱高出一倍以上,看起来不划算,只能靠当地政府补贴,这主要是未达到规模经济,政策、技术联通不够,返程空载率很高。为此,"一带一路"提出实现"五通":政策沟通、设施联通、贸易畅通、资金融通、民心相通,这就从时间上超越欧洲一体化的商品、劳动力、服务及货币的四大自由流通;空间上实现陆海联通,东西呼应,实现规模、系统效应,才能彻底降低物流成本,提升内陆地区的比较竞争力,让欧亚大陆互联互通计划获得可持续发展,超越了古丝绸之路与传统全球化。

在"一带一路"60 多个沿线国家中,中东欧国家占四分之一,是全球新兴市场的重要板块,"一带一路"建设不仅拓宽了沿线国家的企业投资之路、贸易之路,也拓宽了中国与中东欧国家的文化之路和友谊之路。匈塞铁路延伸并连接希腊比雷埃夫斯港,成为陆上与海上丝绸之路连接的关节点。这就赋予中东欧国家除了作为进入欧洲心脏的门户、桥梁与纽带角色外的新使命，也为"16+1"合作机制拓展提供了可能。

去年底第四次中国—中东欧国家领导人苏州会晤发布的《中国—中东欧国家合作中期规划》清楚表明，"16+1"合作成为中欧关系新亮点，成为"一带一路"的样板房。其中，投资贸易是"16+1"合作中最有活力的增长点，如今又拓展到跨境电商领域，考虑设立的虚拟16+1技术转移中心，物联网、大数据、5G等新领域合作，成为新的增长点，增强了"16+1"合作成色。新的融资平台如中国—中东欧投资银行或金融机构正在酝酿。互联互通、地方合作，成为"16+1"合作新引擎。捷克是"16+1"机制地方省州长联合会外方主席，正引导中国—中东欧地方合作扎实推进。

捷克如何参与"一带一路"建设？捷克和中国合作的潜力既体现在双边合作项目中，也可通过"16+1"合作平台参与欧盟层面合作。

中国将在布拉格建立中东欧的金融中心和航空枢纽，北京、上海至布拉格航线已开通，中国通过布拉格进入欧洲又多了一重要渠道。2015年11月10日，在第三届中国投资论坛上，捷克共和国政府总理博胡斯拉夫·索博特卡透露，将签署"一带一路"的合作协议，他说："捷克作为没有外债、经济增长速度最快的欧盟国家，愿意成为中国进入中东欧及更大的市场的桥头堡。"捷克共和国驻华大使利博尔·塞奇卡曾说：已做好积极参与"一带一路"的准备。捷克共和国已做好准备，希望能够积极参与"一带一路"，在能源、科技、健康、铁路运输或环保技术领域与沿线各国深入合作。捷克共和国驻上海总领事馆的总领事米赫尔·库兹米亚克表示："一带一路"的起点在宁波,而另一端则是在一万公里以外,正是捷克的首都布拉格;宁波和布拉格是"一带一路"上非常重要的节点。

捷克在通用航空领域拥有大量的国际和国内经验,为空中丝绸之路建设所看重。捷克企业参照他们在世界各地的市场经验,可提供一切通航领域所需的产品和服务,包括像雷达和其他空中交通监控这样的产品在内的机场基础设施以及准乘 19 人及以下的飞机、飞行训练、维护、直升机紧急医护服务、电子产品和 IT 解决方案等。

在"一带一路"战略中,捷克能够为互联互通作出的具体贡献可能是解决中国某些地域广阔的省份的短途客运问题。在捷克共和国生产并出口到世界很多国家的一种通勤客机——捷克飞机工业公司制造的"L-410"——在中国拥有大量潜在客户,希望它可以很快成为新丝绸之路的一块基石。

在"一带一路"的其他领域,捷克也看到了许多机遇,例如物流中心建设领域。目前,捷克的交通部正致力于制定这一方面的规划。另一种可能性是在中国和捷克共和国建立科技园产业区等。能源、科技、健康、铁路运输或环保技术领域的深入协作机会也值得进一步探索。当然,旅游、教育、语言、文化和艺术等领域的交流,也很重要。

总之,"一带一路"让"16+1"合作插上腾飞的翅膀;"16+1"合作又让中捷友谊更上一层楼。

(节选自 2016 年 3 月 21 日在捷克布拉格议会参加《习近平谈治国理政》研讨会时的发言)

"一带一路"创新中美欧文明大三角

尊敬的国王陛下，尊敬的各位嘉宾，很荣幸来我全家的海外故乡——布鲁塞尔，参加拉肯对话。2008-2011 年间，我及我爱人在中国驻欧盟使团工作，儿子在布鲁塞尔学会走路、上幼儿园，迈开人生第一步。

所以我今天穿了一身非常特别的服装，你们可能以为是中山装、毛装，其实是"青年装"，就像中国，既古老又年轻。你们可能不知道，青年装是从普鲁士军服改造而来的，这个青年装的口袋设计了深红的翻领，十分像西装，因此整个设计可谓中西合璧。中国把西方的现代性成功中国化、时代化、大众化了，这就是中国成功的秘诀。

这和"一带一路"倡议十分相像：古今中外，融会贯通，既源自古代丝绸之路——为尊重德国人李希霍芬 1877 年的知识产权，习近平主席没有用"新丝绸之路"概念，而是用了今天非常中国化的说法："一带一路"——"带"指"经济带"，体现了中国改革开放经验，"路"指"海上丝绸之路"，中文里"路"往往与"道"相连，称"道路"，而"道生一，一生二，二生三，三生万物"，预示着很多条带、很多条路；既是东方的又是西方的，古丝绸之路开启于中国，终点站是欧洲，"一带一路"也是源于中国而属于世界。

为什么提出"一带一路"倡议？首先源于改革开放模式的调整。邓小平说过，改革开放主要向西方开放，尤其向美国开放，但是金融危机后，中国制造无法像过去那样四分之一卖到美国、四分之一卖到欧洲，于是出现产品积压、产能过剩，通过挖掘比中国产业链低的"一带一路"市场，形成除与发达市场之外的新环流，构成全球产业、价值链和供应链的双环流，这就是"一带一路"的初衷。

其次，"一带一路"是实现中国与世界新的互补和共赢。20年前我还是一个复旦大学学生，我的第一个女友，也是我最后一个女友，即我现在的夫人，第一次到我老家去，那是江西的一个小城市。春节前，火车非常拥挤，无法上去，我就把她从窗子推进去，但是进去之后她也没地方待，像泰坦尼克号女主角横飞空中，这就是当时的旅行。后来建了高铁，她才答应嫁给我。

我知道中国的一些邻国可能还在面临着类似的交通问题，现在中国建起了发达的高铁网，也应该帮助邻国来实现他们的便捷交通、快速回家的梦想。中国拓展了市场，沿线国家实现了发展，这就是共赢。

看来，互联互通是多么重要！听说欧洲也有"三河通三海"的计划：连接易北河、多瑙河和奥得河的水上项目计划，希望贯通黑海和波罗的海、北海。这与"一带一路"的思想相通——陆海联通，东西呼应，南北通畅。美国也一样，特朗普总统提出的1.5万亿美元的基建计划还没有着落呢。美国最需要修高铁，与欧亚大陆形成天上、地上、海上、网上四位一体的联通。

"一带一路"源于古丝路又超越之，基于欧亚大陆又不局限于欧亚大陆。美国学者写了本书《超级版图》（Connectgraphy）提出"互联互通决定 21 世纪竞争力"，与我的《世界是通的》有异曲同工之妙。

"一带一路"倡议提出近五年来，中国通过平等协商，已经同 86个国家和组织签署 101 个合作协议，同 30 多个国家开展了机制化产能合作，在沿线 24 个国家推进建设 75 个境外经贸合作区，中国企业对沿线国家投资累计超过 500 亿美元，创造近 20 万个就业岗位。因为"一带一路"强调战略对接，包括与联合国 2030 年可持续发展目标对接，包括与欧洲投资计划（容克计划）对接，因此引发积极效应，与人类命运共同体一道多次被联合国写进有关决议。

女士们，先生们！

此次拉肯对话的开篇主题是"中国的未来"。许多外国友人问我，中国未来更像西方，还是更像自己？"一带一路"是不是中国打造自己的世界秩序？

生活观察就给我们启示。相机不行了，打败相机的不是什么其他相机，而是智能手机；方便面也不行了，打败方便面的不是什么其他方便面，而是新的业态网购。"一带一路"正在催生中美欧大三角的文明创新而非相反。

先说美国，"美国人的事就是做生意"（American business is business），特朗普当选美国总统是再好不过的说明。"一带一路"是全球最大的生意，美国怎能错过呢？"

美国人秉承 If can not beat you, then join you（如果不能打败对方，就加入之）的理念，完全可能参与"一带一路"建设。特朗普总统也表示对加入亚投行的开放态度。这样看来，"一带一路"进入发达国家的发展中地区，进入美国的中西部地区，通过中美省州合作，吸引美国参与，都是值得期待的。按照林毅夫教授模型，发展中国家每增加 1 美元的基础设施投资，将增加 0.7 美元的进口，其中 0.35 美元来自发达国家。全球基础设施投资将增加发达国家的出口，为其创造结构性改革空间。"一带一路"着眼于发展中国家基础设施投入，会带动美国出口，创造大量就业机会。

许多人误将"一带一路"当作应对美国重返亚太或 TPP 的战略，其实也是冷战思维作怪。"一带一路"强调共商共建共享，并不局限于沿线国家，也包括相关国家。项目也许在沿线国家，但标准、规则、资金、技术、人才是全球性的，美国企业、美国人和美元已经大量参与"一带一路"建设，比如马六甲皇京港建设，美国公司投了百亿而中国公司投了三百亿马币，亚投行用的也是美元。因此，美国是"一带一路"相关国家和事实上的参与国家。美国是世界所有国家的邻国。中国的智慧是太极——借力，不会也无法排斥美国。"一带一路"是中国全方位开放战略，推动经济发展模式转型，并激发新的全球市场，实现全球化从部分全球化（partial globalization）到包容性全球化（inclusive globalization）的升级，会给美国带来多少新机遇啊。据麦肯锡公司预测，到 2050 年，"一带一路"将贡献 80% 的世界经济增长，新增 30 亿中产阶级。多少美国梦再现啊！

中美合作建设"一带一路"，还超越了做大生意层面，关系到构建更具包容性国际体系、包容性全球化的大局。原来的国际体系主要是美国提供安全、金融公共产品，已经不适应国际政治经济格局变化了，和中国合作建设"一带一路"，将新自由主义推动的资本导向（of capital，by capital，for capital）的全球化，转变为发展导向的全球化（of the people，by the people，for the people），让投资回归实体经济而不是制造越来越多的金融泡沫，是应对民粹主义挑战，实现开放、包容、普惠、平衡、共赢全球化的希望所在。

欧洲就更不用说了，自古与中国通过丝绸之路联系在一起，今天与中国也是欧亚大陆一条绳上的两只蚂蚱：命运共同体。正如爱因斯坦公式 $E = MC^2$ 所预示的：欧洲的未来不只是通过大西洋与美国相连，也在于通过欧亚大陆与中国互联互通起来。欧洲是"一带一路"的积极参与者，尤其是 16 个中东欧国家，但是欧盟层面对"一带一路"也有不少关切：包括地缘政治，尤其是中美地缘冲突，环境与劳工标准、政府采购、社会责任、腐败、债务、透明度等等。具体而言，对中国意图的质疑，一方面，部分国外政界与学界将"一带一路"简单当作中国国内政策的延续，即为解决国内问题而配套的外交战略，如转移过剩产能，倾销国内商品等；另一方面，也将其看作是中国试图改变现有地区和国际秩序、获得地区和全球主导权的国家战略，即中国试图改写国际规则，核心问题是规则导向还是发展导向？

"一带一路"强调"企业为主体、市场化运作、政府服务、国际标准"，为什么西方人感觉是中国政府工程？这是由"一带一路"初期阶段的沿线国家国情及基础设施建设本身特殊性决定的。"一带一路"之六大经济走廊沿线 65 国中，有 8 个最不发达国家，16 个非WTO 成员国，24 个人类发展指数低于世界平均水平，如何能一刀切实行欧洲倡导的高标准市场原则？如同将小孩与运动健将一同赛跑，脱离实际。

因此要实事求是，实现自上而下、自下而上的有机结合。中国主张，发展是解决所有难题的总钥匙；规则当然重要，但要不断成熟、循序渐进形成。中国改革所探索出的政府－市场双轮驱动经济发展模式正在补"一带一路"沿线国家发展短板，带来基础设施建设的第一桶金，通过养鸡生蛋而非杀鸡取卵，增强自主发展能力，同时培育了新的市场。中国改革开放探索出一条工业走廊、经济走廊、经济发展带模式，先在沿海地区试点，继而在内陆港口城市和内陆地区试点推广，形成经济增长极、城市群，带动整个中国的改革开放。现在，"一带一路"要让非洲市场以点带线，以线带片，从基础设施（港区铁路贸五位一体）互联互通着手，帮助非洲获得内生式发展动力，形成经济发展带，实现工业化和农业现代化，共同脱贫致富。如果完全依赖市场，好比把孩子直接扔到大海里，结果可想而知。中国通过开发区，先让孩子在游泳池里学会游泳，再畅游大海。这就是"一带一路"的做法。

西方认为中国通过"一带一路"输出模式，这是很大的误解。中国模式也可称为中国发展模式，是问题导向与目标导向的结合，核心是"有为政府+有效市场"，既发挥好"看不见的手"的作用，又发挥好"看得见的手"的作用，创造和培育市场，最终让市场起决定性作用，给那些市场经济未充分发展起来的国家走工业化道路，提供了全新的选择，解决了市场失灵、市场失位、市场失真这些西方鼓吹的自由市场经济所解决不了甚至不想解决的难题。比如，要致富，先修路。发展中国家自己没钱修路，也无法从国际市场融资修路，无法实现工业化，恶性循环。中国通过开发性金融提供贷款，通过资产抵押和开发区建设，帮助它们修路，中国企业长期经营，实现双赢。这就是"一带一路"的普遍做法。如果市场真的那么灵，当今世界为什么11亿人没有用上电？改革开放以来，中国让七亿人脱贫，占联合国脱贫贡献的七成以上，证明中国方案是有效的。脱贫致富、消除贫富差距尤其是沿海与内陆地区的贫富差距，实现联合国2030年可持续发展目标，这就是"一带一路"所要做的。

中国文化自古是取经文化，不是送经文化，不会输出中国模式。中国愿同世界各国分享发展经验，但不会干涉他国内政，不"输入"外国模式，也不"输出"中国模式，不会要求别国"复制"中国的做法。

中国的成功里面已经包含了西方的因素，我们从来不避讳这一点。中国的成功折射了西方的成功。中国崛起的军功章，有西方的一半。"一带一路"也一样，强调开放包容，共商共建共享（build of all, build by all, build for all），只是中国的倡议，而不是中国的工程，正如当年美国倡议成立联合国一样，只有大国一起参与才可能成功。"一带一路"不可能闭门造车，它是与西方的资金、技术、意识形态、价值观等合作的产物，对接"全球欧洲"（Global Europe），"全球美国"（Global USA），"全球中国"（Global China），推动全球化可持续发展，构建人类命运共同体。

"一带一路"才提出不到五年时间，前期工作中国多担当了点，因为国有企业在基建领域具有优势，西方企业参与不多，显得有些焦虑，这都可以理解。中国搞好八平一整，建设开发区，筑巢引凤，西方私人资本和私企一定纷至沓来，共同开发"一带一路"大市场。中国有担当，提出这么宏大倡议，西方有些怀疑也属正常，但是希望汲取美国政府的亚投行教训，不要在怀疑中国意图、能力、做法的观望中，失去合作的机遇。

世界上有三大原力：美国所代表的创新力，欧洲所代表的精神力，中国所代表的应用力，只有这三力结合，才能解决人类面临的根本性问题。"一带一路"为中美欧大三角文明创新展示了希望。

"一带一路"是人类的大创新，克服传统创新陷阱：美式节省劳动力型创新、欧式节省资源型创新，摧毁了南方国家的比较优势，形成创新陷阱；同时超越创新悖论，即以创新名义圈钱，导致富者更富，穷者更穷，有增长无就业，人工智能驾驭不好的话可能加剧这一趋势。民粹主义兴起充分揭示了政治-经济悖论：政治是地方性的，经济是全球性的；政治是周期性的，经济是长周期的。"一带一路"试图消除之，着眼于基础设施互联互通，有利于引导美国投资实体经济而不再继续制造金融泡沫。"一带一路"推行包容性创新，超越传统大国博弈，旨在构建人类命运共同体，开创人类新文明。

（2018 年 5 月 3 日在比利时首都布鲁塞尔"皇宫拉肯对话"上的演讲）

发现旧大陆，发展新大陆

尊敬的葡萄牙总统先生、尊敬的里斯本工商界的各位贵宾、女生们、先生们，这是我第二次来到里斯本！上次是作为旅游者身份，特意去了天涯海角，领略了大航海时代的壮观，拍了这种照片：

上面写着"陆终于此，海始于斯"，并在十字架底端标明经纬度，可见航海冒险这是以上帝的名义进行的。

今天，中国提出"一带一路"倡议，并不是重复欧洲历史上陆权与海权的此消彼长，而是要实现旧大陆——欧亚大陆的陆海联通，同时发展新大陆——让非洲、拉美等前欧洲殖民地实现工业化，拿习近平主席去年五月在"一带一路"国际合作高峰论坛的主旨演讲中的话来说，就是"设施联通是合作发展的基础。我们要着力推动陆上、海上、天上、网上四位一体的联通，聚焦关键通道、关键城市、关键项目，联结陆上公路、铁路道路网络和海上港口网络。"

天下大势，分久必合，合久必分。欧洲的哲学是分，尤其是葡萄牙向东、西班牙向西，将地球瓜分为东半球、西半球，1494 年 6 月 7 日在教皇见证下签订《托尔德西里亚斯条约》。

中国的哲学是合。欧亚大陆时代：马/骆驼+帆船时代（17 世纪

葡萄牙首都里斯本西郊的"天涯海角"

前);海权时代:蒸汽时代(18世纪)—铁路时代(19世纪)—飞机时代(20世纪);陆海联通、万物互联时代:高铁时代(21世纪)。

因此,"一带一路"必须以21世纪开创人类新文明角度理解,并非中国新丝绸之路,去复兴古代的丝绸之路,而是开创新型全球化。

近代海洋文明的发展经历了三个时代。

(一)海洋航运时代

葡萄牙在近代崛起为第一个全球性海洋强国。这不仅由于葡萄牙成功实现王权与教权的分离,完成政治上的统一和中央集权化过程,因此能率先资助冒险家去海外掠夺财富、开发航路,而且也是葡萄牙地缘因素的产物。葡萄牙在陆地唯一的邻国就是西班牙。海洋文明的短缺经济和发展不确定性、比利牛斯山的天然障碍，迫使葡萄牙率先走向海洋。

欧洲人走向海洋，包括后来的美国也一样，是有传教士精神支撑的。直至今日，西方仍然以源于基督教一神论的普世价值在世界各地扮演教师爷的角色。这是与郑和下西洋的最大不同之一。中国是取经文化而非传经文化，如何建立非基督教的海洋文明观，是巨大考验。

（二）海洋贸易时代

荷兰崛起为海上强国——海上马车夫，靠的不是发现新大陆的海上冒险、掠夺，而是海洋贸易。马克思在《资本论》里面写道，对于荷兰人而言，哪里为我的利息支付最高的利润，哪里就是我的祖国。荷兰是新教国家，发明了股份制，资本的扩张是海洋贸易时代的原动力。荷兰在印度成立东印度公司，专营与亚洲贸易，就是典型代表。

海洋贸易是以开放、扩张的海洋文明为支撑的。荷兰人格劳修斯成为国际法之父，提出了公海的理念。反观清政府与葡萄牙、英国在澳门、香港租借问题上的纠纷，本质上是列强入侵，也是文化冲突。海洋国家自西塞罗时期的古罗马就确立了航运码头共享的理念，以便随时进行航船补给、避风，而农耕文明的天下思维仍然坚持"普天之下莫非王土"的理念，当然拒绝了葡萄牙人、英国人的无理要求。这就是说，中国的海洋文明观，是超越了农耕文明思维，建立在近代开放、合作、共赢思维基础之上的。

（三）海洋开发时代

如果说16世纪开始的海上之争，是欧洲国家通过海洋征服各大洲的陆地；21世纪的海上之争则是不同国家通过岛屿争夺海洋的海底。这也是南海问题、东海问题近年成为国际热点的时代背景。

海洋开发时代，呼唤可持续发展的新型海洋文明观。人类不能再重复涸泽而渔、独占独享而导致海洋争夺引发海战频发的悲剧。无论是北极地区还是南极地区，生态、资源兼顾，合作共赢，成为新型海洋文明观的核心理念。

纵观海洋文明的国际历程，中国海洋文明建设时不我待，文明转型刻不容缓。在新的海洋时代，中国不只是追赶型选手，也应成为引领新型海洋文明的倡导者、实践者。从这个意义上说，中国的海洋强国梦，既需超越历史上郑和下西洋的壮举，也需超越西方海洋文明强盛期的成就，因为这是发生在海洋时代 2.0 背景下的自觉行为。

在以人类可持续发展为要旨的新时代，中国的海洋强国梦超越了实现中华文明从内陆走向海洋的历史使命，肩负起开创人类海洋文明新时代的历史担当。

天下大势，分久必合，合久必分。"一带一路"可以用中国三句文学话语来理解：

——天堑变通途

"一带一路"的精神就是互联互通，而这是基于中国国内自秦始皇实现中国大一统基础，国内实现了互联互通，由内及外，由近及远，实现世界的互联互通。

中国不到十年时间建起了四纵四横的高铁网，占世界高铁的六成以上，正在拓展为八纵八横的人类有史以来最发达的交通网络：

中国通过"一带一路"帮助邻国来实现他们的便捷交通、快速回家的梦想，并沿着交通线路进行产业布局和开发。中国拓展了市场，沿线国家实现了发展，这就是共赢。

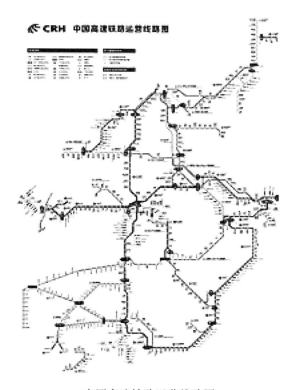

中国高速铁路运营线路图

——天涯若比邻

万里茶道（茶马古道）：陆路为 Cha，海路为 Tea，见证了古丝绸之路以茶会友的传统。

今天，中国的许多邻国人认为他们与中国的心理距离比与欧美的还远。改变地理距离与心理距离的反差，"一带一路"提出"民心相通"理念，可以说是在欧洲一体化四大流通自由基础上的创造性转化、创新性发展。

——天涯咫尺

志合者，不以山海为远。"一带一路"源于古丝路又超越之，基于欧亚大陆又不局限于欧亚大陆。美国学者写了本书《超级版图》（Connectgraphy）提出"互联互通决定 21 世纪竞争力"，与我的《世界是通的》有异曲同工之妙。

互联互通之妙，在近代法德竞技中也得到了鲜明体现：自从步入铁路时代，德国统一之后，法国就一直被德国打败，原因从德国互联互通的铁路网就不难找到原因，法国的铁路网不仅没有德国密集，更重要的是条条铁路通巴黎的。

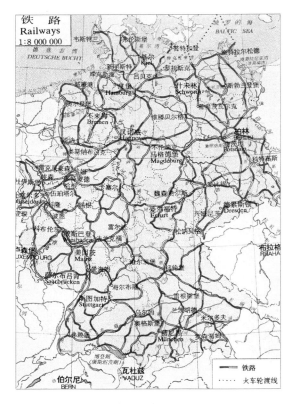

德国的铁路网，实现了相互联通

这种情形就在非洲上演：法语区非洲国家，还要去巴黎转机才能到邻国！

西方殖民以来，非洲国家间联系少，都是与欧洲宗主国联系，到达邻居的航班绕道巴黎！非洲内部贸易只占总对外贸 10%—15%。globalization without integration！（有全球化但没有地区一体化）埃塞俄比亚产咖啡，而一般老百姓还喝不起咖啡，原因是没有咖啡加工业，从欧洲进口咖啡制成品。于是出现"遍身罗绮者，不是养蚕人"。

殖民以来，非洲成为西方资源、原材料市场，联系是单向的、分割的（欧洲一体化并未把宗主国在非洲的殖民体系一体化、非洲市场仍被西方殖民者分割），内容也是贸易-援助较单一。

"一带一路"推行"三网一化"，要让非洲市场以点带线，以线带片，从基础设施（港区铁路贸五位一体）互联互通着手，帮助非洲获得内生式发展动力，形成经济发展带，实现工业化和农业现代化，共同脱贫致富。

正所谓东方不亮西方亮，非洲对西方失望，在借鉴中国发展经验：

"一带一路"的原则是三共，共商：群策群力；共建：众人拾柴火焰高；共享：有福同享，这也可用文学语言描述：聚是一团火，散是满天星；独行快，众行远。

总之，"一带一路"的文学解读就是过去-现在-未来三句话：

过去：我们共享一个月亮：观念（海上升明月，天涯共此时）。

现在：我们只有一个地球：开创 21 世纪可持续新文明（天涯咫尺，天堑变通途）。

未来：我们共探一个宇宙：全球公域之治（天涯所盼，走出历史）。

北京地铁里一位非洲青年正在读《习近平谈治国理政》

葡萄牙开启了人类大航海时代的壮举。今天,葡萄牙完全可以把澳门作为中国与葡语国家合作的桥梁和纽带,开发"一带一路"第三方市场,实现中欧陆海联通,进而推进世界互联互通,建设人类命运共同体,再次实现新的辉煌!

谢谢大家!

(2018年5月4日在葡萄牙里斯本俱乐部年会上的演讲)

非　洲

非洲的中国时刻

谁能想象，非盟总部聚集了来自四十多个国家的非洲官员、学者、记者，认真研讨三十年前习近平任宁德地委书记期间所撰写的《摆脱贫困》一书！

由非盟领导力学院、浙江师范大学非洲研究院共同主办的主题为"摆脱贫困、共同发展"中非减贫发展高端对话会暨智库论坛，2017年6月在中国政府出资援建的非盟总部召开，笔者有幸参加并介绍"一带一路"如何助推中非合作共赢、共同发展，考察埃塞俄比亚东方工业园、亚吉铁路，深切感受到《习近平谈治国理政》和《摆脱贫困》广受非洲朋友欢迎和好评。"所有的发展学理论并没有给非洲带来发展；人类最成功的脱贫故事发生在中国；贫困不是非洲的宿命，而是选择；非洲要借鉴中国自主发展的经验和智慧。"非盟委员会副主席夸第、埃塞俄比亚总理经济顾问阿尔卡贝纷纷感慨。

的确，非洲经历长期探索，绝大部分国家都没有找到一条符合自身国情的发展道路。面对英国脱欧和特朗普当选总统的美国，非洲国家对西方模式相当失望，担心西方援助下滑，纷纷向东看，从发展靠援助到学习中国自主发展经验，搞招商引资、改革开放。非洲的中国时刻正在到来：

一是非洲正成为与中国开展基础设施和国际产能合作的示范。在埃塞俄比亚首都亚的斯亚贝巴，街边到处是中国建造集团的标语和吊车，非盟总部就是中国建造的杰作，如今总部附近，一家安徽企业的标语十分醒目。市内，轻轨、高架桥；市外，高速公路，收费站、路灯，充满了中国气息，更不用说非洲第一个电气化铁路——亚吉铁路了。"中国与其说是一个国家，不如说是一个洲"，非洲与会者感慨。中非合作因而成为"一带一路"倡导的洲际合作的示范。把中国资金、技术、市场、企业、人才和成功发展经验等相对发展优势同非洲丰富的自然资源、巨大的人口红利和市场潜力紧密结合起来，必将创造出新的发展奇迹。中国现代化经验最为鲜活，与非洲合作政治基础最好，中国梦正激励和塑造非洲奇迹、非洲梦。"一带一路"是世界的希望工程，非洲是希望的大陆，与"一带一路"进行目标、任务、经验、智慧对接最为积极。埃塞俄比亚、坦桑尼亚、肯尼亚、刚果（布）成为中非产能合作先行先试示范国家。在中非约翰内斯堡峰会上宣布的中非十大合作计划中，高速公路网、高速铁路网、区域航空网、基础设施工业化的"三网一化"，正在推进非洲的横向互联互通和区域合作，改变非洲被全球化的命运，打造非洲版全球化。

二是非洲可成为世界的粮仓，中非农业合作有助于维护中国的粮食安全。人们常引用基辛格博士的论断——谁控制了石油，就控制了所有国家；谁控制了粮食，就控制了人类；谁控制了货币，就控制了全球经济。美国学者曾提出"谁来养活中国"的话题，就是想让美国来养活中国。这样，摆脱对美国转基因食品依赖，事关中国国家安全。由于从美国大量进口的大豆、玉米等大宗商品又与美元定价权挂钩，减少对美国的农产品依赖还有助于维护中国金融安全。而非洲可耕地面积近 8 亿公顷，开发利用率只占 27%，与中国展开农业合作潜力巨大。中国可以运用自己的经验和技术，帮助非洲加速农业现代化进程，完全可能在解决其温饱问题后，把非洲打造成"世界的粮仓"。当然，此举也有利于中国的粮食安全。在"一带一路"框架下，通过农机、化肥等优质富裕产能走进非洲，通过规模农业打破非洲国家的部落分割，形成规模效应，探索出非洲不通过当年中国农业—工业剪刀差实现工业化的原始积累，逐步解决非洲的"三农问题"，不断改变经济和社会结构二元性——经济基础薄弱，而上层建筑西方化，帮助非洲实现农业现代化，有助于帮助非洲脱贫致富。非洲资源丰富，生物多样性在世界首屈一指，还可能成为中国中草药的产地，推动中医走向世界，服务于健康丝绸之路建设。

三是非洲是中外模式互学互鉴的重要试点。尽管中国并不输出发展模式，而是鼓励其走符合自身国情发展道路，非洲不少国家仍然急于复制中国模式，尤其是埃塞俄比亚等传统欧洲宗主国势力薄弱的国家。埃塞俄比亚是没有被西方殖民的少数非洲国家之一，具有反抗外来入侵者的光荣斗争历史（非盟总部因而设在埃塞俄比亚），十分羡慕中国走符合自身国情的发展道路。2010 年，埃革阵在多党议会选举中获胜后，着手制订并实施首个 5 年"经济增长与转型计划"，着力加强水电站、铁路等基础设施建设，加快制造业发展，目标是到 2025 年成为中等收入国家。2015 年，首个 5 年"经济增长与转型计划"圆满收官。2016 年起实施第二个 5 年"经济增长与转型计划"。这是学习中国"五年规划"的典范。人类从埃塞俄比亚走出非洲，埃塞学成为埃及学之后仅有的两门非洲国家命名的学问，与中国学遥相呼应。中国的"四个自信"激励埃塞俄比亚树立"四个自信",并示范非洲其他国家。比如,梅塞莱斯生产力学院,效仿中央党校或国家行政学院;为吸引中国投资,埃塞俄比亚还设"工业园区法"。埃塞俄比亚东方工业园区内的华坚集团,给数千名埃塞俄比亚人提供就业机会,生产出口到美国的中高端鞋子和在非洲销售的低端鞋子,厂房标语"高度民主,理性决策,绝对集中,坚定执行",可以说是中国模式的写照。在非盟总部,来自非洲各国的官员、记者和智库领袖边读习近平主席著作边反思:"真羡慕中国,党与人民同心同德";"非洲陷入多党制困境,凡是发展得不错的,都是长期执政的政党带来政局稳定,政策长远,比如卢旺达、乌干达、埃塞俄比亚";"非洲国家政党解放、独立时期表现不错,执政后就脱离群众了"。这些反思既对照中国共产党的成功经验,又对照今日西方民主之窘境,集中于检讨非洲的多党制民主弊端,中国学者也从中更加坚定"四个自信",借鉴非洲经验完善自身发展模式,中非发展模式互学互鉴蔚然成风。结合自身新发展理念,中方创造性提出共同发展、集约发展、绿色发展、安全发展、开放发展五大合作理念,成为中非合作发展的新共识。

当然,对中国而言,帮非洲就是帮自己。中非相互需要,已经成为命运共同体。中非协同发展,是实现联合国 2030 年可持续发展议程的客观要求,因为非洲是发展中国家和欠发达国家最集中的大陆。王毅外长在论坛开幕式上的主旨演讲指出,非洲有近 4 亿人民生活在贫困线以下,中国还有 4000 多万人口需要脱贫。中非双方携手,是我们这一代人对子孙后代承担的责任,是中非人民为之奋斗的共同目标,也是人类社会进步发展的必然要求。同时,非洲问题事关中国国家安全和世界的和平与发展。非洲公共卫生问题，如埃博拉和艾滋病，通过人员交流，影响生活在非洲大陆和本土的中国人健康。非洲人口增长率很高，如果经济增长率不达到一定水平，大量年轻人失业，将成为世界性问题，给中国在非洲投资和海外利益造成冲击。中非地下经济惊人，将来麻烦会越来越大。在广州生活的15万名非洲人所带来的"三非"问题，只是冰山一角；更不用说全球气候变化、恐怖主义、全球治理等其他挑战了。非洲既是希望的大陆，也是充满挑战的大陆。非洲的中国时刻，是我们着眼全局、未来、加速推进"一带一路"的战略机遇期。

（2017年6月21日参加主题为"摆脱贫困，共同发展"的中非减贫发展高端对话会暨智库论坛，亚的斯亚贝巴非盟总部）

"一带一路"比苏伊士运河还要好吗

"一带一路"比苏伊士运河还要好吗？这是笔者在第 47 届开罗书展阿文版《"一带一路"：机遇与挑战》首发式上做完"埃及的'一带一路'机遇"报告后，埃及朋友问的第一个问题。

笔者在演讲中悉数"埃及的'一带一路'机遇"，提出埃及在"一带一路"倡议中具备三大优势，引发热议：

——弯道超车的机遇。在美欧国家，物流成本占 GDP 的比率为 6%—8%，而亚洲大多数国家，这一比率要达 20%。这样带来的结果是亚洲国家的产品和产业竞争力很难上去。欧亚非互联互通，就是为了降低物流成本，提升亚非国家的比较竞争力。特别是中东地区，不仅自古是丝绸之路枢纽，今天也是欧亚非连接的纽带和"一带一路"建设的重点地区，通过中国—中亚—西亚经济走廊、中巴经济走廊，中国与中东更紧密地联系在一起。"一带一路"在中东地区将把加强能源基础设施互联互通合作，共同维护输油、输气管道等运输通道安全，推进跨境电力与输电通道建设作为重要任务。埃及 4/5 国土在非洲而 1/5 在亚洲，更是凭借苏伊士运河的天然优势，不仅成为亚非大陆连接的桥梁，也是陆海丝绸之路的节点，具备弯道超车的机遇——

正如中国高铁抓住铁路转型升级的机遇实现了对发达国家的超越并领先世界。特别是苏伊士运河改造完成，中埃苏伊士运河开发区的产业具备后发优势，扭转发达国家长期先发优势造成的不合理分工体系对埃及的束缚。作为中东地区领袖之一的埃及，自然引领中阿"一带一路"合作，在电动汽车等领域成为弯道超车的先行者。

——变道超车的机遇。随着世界经济格局的调整和经济全球化的发展，中国正在从生产一般消费品的世界工厂向为全球提供先进装备的生产基地过渡，经济产业结构快速调整转型，埃及也不满足于只做亚非互联互通的过道，需要大力推进经济多元化发展。以马云所倡导的 E-WTO 为例，发展中国家在新一轮全球化布局中不再是规则的接受者，也在制定新的国际贸易、投资规则，通过合作共赢实现变道超车，这给埃及的跨越式发展带来希望。比如，华为已成埃及的第三大电讯企业，发展势头迅猛，中埃共建信息港带动埃及在 5G 时代实现弯道超车，超越近代以来的追赶逻辑。更一般地说，中国工业化经验鲜活——欧美的工业化完成较早，经验借鉴意义不大，"阿拉伯之春"的乱象早已证明经济基础决定上层建筑的硬道理。因此，中国提出的中阿共建"一带一路"、构建以能源合作为主轴，以基础设施建设和贸易投资便利化为两翼，以核能、航天卫星、新能源三大高新领域为突破口的"1+2+3"合作格局、加强产能合作等倡议，尤其得到作为阿拉伯世界领袖的埃及的热烈响应。

——文明复兴的机遇。改革开放后中国农村贫困人口减少 7 亿，网民数量也是 7 亿。中国能做到，为什么埃及不行?! 的确，埃及人的反思催促向东看。"要致富先修路，要快富修高速"；"再穷不能穷教育，避免贫困的恶性循环"。这两句话很能打动埃及人的心。更一般地，中国模式鼓励埃及等阿拉伯国家自主探索符合本国国情的发展道路。中国通过"一带一路"与阿拉伯国家开展先进、适用、有利于就业、绿色环保的产能合作，支持阿拉伯国家工业化进程，让合作成果更多惠及中阿人民，实现中阿共同发展与繁荣，在开创人类新文明的过程中实现自身文明的伟大复兴。古丝绸之路是贸易与文明交流之路，丝绸之路的复兴在激励"文明的回归"，超越现代化逻辑——告别"强者更强、弱者更弱"，鼓励走符合自身国情的发展道路并与时俱进，通过激活"和平合作、开放包容、互学互鉴、互利共赢"的丝路精神，开创以合作共赢为核心的新型国际关系，探寻21世纪人类共同价值体系，建设中阿命运共同体。中埃作为文明古国，由于丝绸之路的衰落而沦为西方殖民地或半殖民地；如今，丝绸之路的复兴激励古老文明的共同复兴，助推中埃告别西方，走出近代。

以上"三大机遇"为这种"求之不得"做了最好的诠释。埃及的例子是发展中国家希望搭中国发展快车、便车的写照。反过来，中国也需要非洲。正如非洲谚语"独行快，众行远"所揭示的，中国的发展只有以广大发展中国家为伴，实现共同发展和文明的共同复兴，才能行稳致远。

（2016年1月第47届开罗书展演讲提问环节）

"一带一路"的阿基米德效应

    小国的作用是靠大国来定义的。突尼斯的例子就是很好的说明。作为阿拉伯之春的发源地，突尼斯当年革命也快，如今掉头也快，搞改革了，希望成为北非乃至地中海对接"一带一路"的桥梁和纽带。

    "欧洲指望不上了，美国更指望不上，马格里布联盟十年来没开会了，阿盟只是清谈馆，非盟都在积极学习中国模式、对接'一带一路'，突尼斯还犹豫什么呢?!"突尼斯银行协会主席艾哈迈迪·卡拉姆在欢迎晚宴上对来访的工行代表团讲。

    日前，笔者参加阿拉伯企业家协会主办、中国工商银行协办的第五届突尼斯论坛，深感突尼斯之变、世界之变。"一带一路"激发了那些迷信西方，未找到一条符合自身国情发展道路的国家参与热情和借鉴中国发展经验的兴趣。此次突尼斯论坛以中突共建"一带一路"为主题，吸引了300多名突尼斯政界、企业界、学界、媒体界人士参会，突内阁三分之一部长先后与会。法国前总理拉法兰开幕式上声情并茂地以欧洲如何抓住中国机遇现身说法，为突尼斯指路，深深打动了突尼斯各界。

2017 年 7 月 7 日，王义桅参加阿拉伯企业家协会主办、
中国工商银行协办的主题为"中突合作"的第六届突尼斯论坛，并发表演讲

　　有了这种良好气氛，笔者在开幕式上顺势介绍了"一带一路"
及带给突尼斯的机遇，引发与会者的热烈反响：原来这才叫"一带
一路"！突尼斯与会者，包括多位部长，尤其是代表总理出席的突尼
斯发展、投资和国际合作部长穆哈迈德·法迪勒·阿卜杜勒-凯菲，
急于询问从"一带一路"获益之道，表示突尼斯可成为中国投资欧
洲（突尼斯原产地产品零关税进入欧盟市场）、投资非洲的跳板，因
为突尼斯是非洲难得有自己的制造业的国家，中国可在突尼斯实现产
业对接。

　　这也反过来提醒我们，"一带一路"沿线国家在西方看来多为文
明交接地带、板块交接地带，被称为"不稳定之弧"，风险自然高。
现在想来，这要辩证地看，这恰恰是互联互通的节点和文明交流互鉴
的样板，正如突尼斯可以成为中国投资非洲与欧洲、连接地中海的节

点所显示的。"一带一路"不是包打天下，是发挥阿基米德效应——给我一个支点，我将撬动整个地球——撬动更多的投资、战略对接和互联互通，形成规模、系统效应，真乃举中国方案，取中国经验，造繁荣之势，践大道之行。

此外，不是求别国参与"一带一路"，而是讲清中突两国各有优势，与中国拓展合作，有助于推动突尼斯经济发展和转型。具体而言，突尼斯对接"一带一路"至少有以下优势：

一是区位优势。论坛主办方、总部设在突尼斯的阿拉伯企业家协会主席艾哈迈德·布兹古恩达表示，突尼斯经济发展需要改革，并扩大与中国等新兴经济体合作。他认为，突尼斯面向欧洲、背靠非洲，战略意义明显，可以在"一带一路"倡议下发挥更大作用。的确，作为地中海边的明珠，突尼斯与法国、西班牙和北非国家联系紧密，是陆海联通、欧非联系的节点国家。"一带一路"倡导互联互通，突尼斯的区位优势一下子激发出来，将来还可以成为利比亚战后重建的基地——利比亚政府机构及外国驻利比亚使馆暂时还在突尼斯办公。

二是产业优势。突尼斯是非洲少有的具有众多产业的国家，盛产磷酸盐，橄榄油、海产品大量出口，许多法国农业、汽车、石化产业在突尼斯设厂，成为供给欧洲市场的基地。这就拓展了国际产能合作思路，不是单纯的中国产业转移，而是产业、产能合作与对接，将突尼斯打造成为进入欧洲、北非市场的桥梁。中国通过投资突尼斯实现原产地零关税进入欧洲市场，中法、中西（班牙）合作开发第三方市场也具有巨大潜力。

三是历史文化优势。突尼斯先后经历迦太基、罗马、阿拉伯、奥斯曼等文明洗礼，拥有众多古迦太基文明、罗马文明遗址，旅游业资源丰厚，民众普遍会法语、阿拉伯语，精英通英语，教育水平高，曾经历 2015 年旅游景点的恐怖袭击事件，旅游点门可罗雀，亟待开发。在"一带一路"框架下，我国可与法国、意大利、欧盟合作将突尼斯丰富的历史文化资源转化为旅游和创意文化产业。效仿王潮歌《梦回大唐》，中国完全可以与突尼斯文化旅游局合作打造《梦回迦太基》《印象汉尼拔》等大型露天镭射舞台剧，吸引世界各地游客。

四是海上优势。摩洛哥—突尼斯—亚历山大港，可称为地中海南岸对接"一带一路"的重要一环。突尼斯的海洋资源丰富，海水养殖、海洋制药、海洋经济等还有巨大的待开发潜力，正在打造成地中海沿岸金融港城，给中国带来巨大合作机会。对接希腊比雷埃夫斯港的地中海航线可连接亚欧非，华为公司将来在数字海洋、信息化港口建设等方面还可大显身手。

"一带一路"的阿基米德效应，就是激发一个个沿线国家，尤其是支点地区的支点国家和支点城市在互联互通世界的新比较竞争优势，激活往日梦想和历史自豪感，实现发展战略对接，形成全球产业链的调整和布局，尤其是要给陷入绝望的伊斯兰教创造希望，撬动全球合作热情，打造包容性全球化。

论坛期间，中突企业和银行间达成多个合作意向，涉及金融服务、通信技术和基础设施建设等领域。尤其是中国工商银行作为论坛协办方，其国别项目开发机制在践行"一带一路"金融合作中发挥了很好的引领和桥梁作用。此次，工行与突方签署合同额约 6500 万欧元的购物中心项目，带动中建产能走向突尼斯，这是第一个突尼斯中资银行贷款项目，也是工行完全依靠国别项目开发机制主动发掘的项目，是中资银企在突尼斯合作的典范，将产生很好的示范效应。

参加论坛，深切体会到不虚此行，否则都是中国各种民间机构、企业游说突尼斯，把自身利益包装成"一带一路"推销，对方听了一头雾水：为什么突尼斯是古丝路重要节点，"一带一路"是他们给中央提的建议，他们的项目是"一带一路"旗舰工程呀，等等。世界指不上西方，病急乱投医，这些中国人就乘势把"一带一路"图景给涂鸦了。邀请函上写道：突尼斯是加入丝绸之路国际文化与商业组织的第一个非洲国家。网上查不到这是什么组织！

这也预示，"一带一路"的风险，可能是中国自己企业制造出来的；对"一带一路"的误解，可能是中国人为制造出来的。希望有更多的机会，更好的平台，实现中外"一带一路"的智慧对接、舆论对接、项目对接、理念对接，更好建设人类命运共同体。

（2017年7月7日参加阿拉伯企业家协会主办、中国工商银行协办的主题为"中突合作"第六届突尼斯论坛，突尼斯）

毛里求斯参与"一带一路"的三重考量

Hub（轴心）、bridge（桥梁）、center（中心）、base（基地），这是中国驻毛里求斯大使馆与毛里求斯外交、地区一体化与国际贸易部核准举办的"中毛建交45周年"研讨会上听到最多的四个关键词。

融入"一带一路"，毛里求斯可谓占据天时、地利、人和多重优势：

——东西逢源：向东，中国投资非洲大陆的跳板——非洲大陆国家都有外汇管制、金融市场不成熟、波动大，需要取道新加坡（香港）、毛里求斯，形成不同时段的全球金融市场链（时差四小时）；向西，印度洋自然延伸，连接印度洋与亚洲的中继，尤其是中巴经济走廊将"世界岛"——欧亚大陆，与"世界洋"——印度洋连接起来，向非洲辐射，毛里求斯引导其南端延伸。

——融通古今：毛里求斯曾是古代海上丝绸之路的无人岛，郑和到达附近海域。中国第一个海外中国文化中心1988年落户毛里求斯。现在，毛有非洲难得的成熟发达的现代金融、旅游、自由贸易体系和网络，中毛FTA可行性研究进入收官阶段，谈起来会很快。毛里求斯最自由经济体中排第八位（2013 年数据），首都路易港是非洲仅次于约翰内斯堡的第二大金融中心。路易港拥有印度洋区域最大的集装箱转运设备，能够停泊第四代和第五代集装箱货轮，在撒哈拉以南非洲只有路易港和开普敦有这个能力，是 21 世纪海上丝绸之路的远期合作对象。

——陆海联通：入海关时，即见到毛里求斯航空公司广告：毛里求斯—新加坡—亚洲的非亚空中走廊。毛里求斯海域面积有高达 230 万平方公里的经济专属区。海洋资源丰富。毛里求斯到法国海外省留尼旺近在咫尺，非洲与欧洲相连。毛海上印度洋委员会、环印度洋地区合作联盟以及毛里求斯、马达加斯加、塞舌尔、科摩罗 4 国成立印度洋岛国（CMMS）地区组成员，成为亚非洲际合作、陆海联通的纽带。

毛里求斯是岛屿国家，对气候变化十分敏感，注重可持续发展。马克·吐温曾描绘：上帝创造了毛里求斯，然后按照毛里求斯创造了伊甸园。毛素有"天堂的原乡"美誉，是世界上空气最干净的国度之一。毛里求斯派了 5000 名学生去中国学习医学。政府推行智慧城市，注重创新，又是中立与和平国度。可以说，在非洲乃至印度洋，还很难找到像毛里求斯这样可全方位参与四大丝绸之路：绿色、健康、智力、和平丝绸之路建设的国度。

当然，毛里求斯是非典型非洲国家，但是试图抓住"一带一路"三重机遇，倒是有一定代表性：

一是升级对华合作，再创经济腾飞奇迹。毛里求斯有关帝庙，分享中毛发财致富梦。华人尽管占全国人口不到 3%，但给毛里求斯带来的是财富，25 卢比上印有著名华人商人朱梅麟头像。晋非公司购买了近十分之一国土。上海商人李海注册的毛里求斯怡海公司打造路易港最大的智慧城市项目。20 世纪 70 年代末毛里求斯调整经济结构，实现经济快速发展，曾创造"毛里求斯奇迹"。如今，抓住中国，抓住"一带一路"机遇，是毛里求斯一致想法，旨在升级对华合作，实现经济再次腾飞。

二是实现经济转型，推动经济多元化。毛里求斯总理贾格纳特在会议开幕式上致辞表示，毛经济过去较单一，现在实行多元化产业政策，逐步形成糖业、出口加工业、旅游业和金融服务业四大经济支柱，要关注创新，强调引进中国资金，吸引诸如华为那样的高技术企业入驻毛里求斯，实现经济升级换代和多元转型发展。会议最后一场就是关于技术创新如何为投资非洲做贡献，就体现了毛政府的导向。

三是对冲发达国家风险，增强发展韧性。毛对国际市场依赖性较大。2008 年以来，国际金融危机对毛出口加工业、纺织业和旅游业造成冲击，其经济发展面临的困难增多。为减少对发达国家市场依赖，毛里求斯特别强调扮演中国投资非洲大陆的桥梁与跳板作用，抓住人民币清算、转移支付中心机会，对冲发达国家市场化风险。

然而，毛里求斯未与中国签署共建"一带一路"倡议，这种踟蹰态度与急切抓住"一带一路"三大机遇的心情形成鲜明反差。为何如此？

这要从一国的 DNA 说起。法国的灵魂、英国的制度（民事法律是法国的，刑法是英国的）、印度的躯干（近七成是印度裔），这是今日毛里求斯典型多元性写照。印度对"一带一路"的消极态度，自然也影响到毛里求斯人。

推而远之，解构西方殖民体系，任重道远。毛里求斯是欧洲人地理大发现产物，以前是无人岛。印度洋其实是非洲洋。大航海时代，西方的终点站本来是印度，因为香料来自印度，哥伦布到达拉美以为到了印度，将当地人称为印第安人，达·伽马到达非洲东岸，称印度洋，都在提示我们仍然未完全走出殖民印记。在宾馆晚上观看表演，感觉印度裔通过舞蹈给观众的带动和影响不可小觑，"一带一路"要想在毛里求斯获得共鸣应该十分不易。

为什么同样占全国总人口的七成，毛里求斯的印度裔亲印，而新加坡的华裔不亲中？这是笔者随察哈尔学会代表团访问毛里求斯，参加中毛建交 45 周年研讨会时带来的问题。

（2017 年 4 月 19 日，参加中国驻毛里求斯大使馆与毛里求斯外交、地区一体化与国际贸易部核准举办的"中毛建交 45 周年"研讨会并做主题发言）

"一带一路"会制造债务危机吗

国内经济面临下行压力，要用钱的地方很多，为何要去投资"一带一路"这些高风险国家？投资"一带一路"会不会打水漂，无法实现经济收益？国际上也质疑"一带一路"是否会带来债务危机，一些别有用心的西方媒体还炒作中国在非洲的投资又将几十年好不容易治理好的非洲国家债务拉回到天花板，炒作中巴经济走廊制造巴债务负担，更有甚者将"一带一路"沿线国家债务如此依赖中国，将来成为中国殖民地！

2017 年底在位于约翰内斯堡的南非金山大学（University of Witwatersrand）举办的主题为"中非关系：'一带一路'的合作研究"国际研讨会上，笔者做完专场发言"'一带一路'引领中非合作"，南非金山大学的一位教授曾是反种族隔离政策的斗士，相当有威望，现在用到中国头上，污蔑中国"一带一路"继续新自由主义路线，在高风险国家投资低回报项目，制造债务危机，并以蒙内铁路、亚吉铁路为例，数落中国对非投资，唱衰"一带一路"。

笔者旋即反驳：你像我一样去过现场调研吗？访谈过当地民众吗？"一带一路"恰恰为消除新自由主义 of capital，by capital，for capital 恶果的。西方殖民非洲几百年，何曾给非洲带来工业化?! 哪会给当地修路造桥，改善民生?! 与会嘉宾拍手称快! 接着笔者说: 我飞越地球大半圈，就听一些欧美人说过的话，有意义吗?! 什么时候能听到独立的非洲声音啊! 没有自己的方法论、思维，非洲哪来话语权!

看来，国内外对"一带一路"都存在不同程度的误解，要么把它当作对外援助，要么把它视为对外撒钱，担心是否引发债务危机，毕竟国内还有许多要用钱的地方: 精准扶贫、设施改造等。其实，"一带一路"并非对外援助，其提出从国内背景说，是为了解决改革开放两大问题: 解决发展模式的不可持续性问题，以及全球化效应递减问题，因此也标志着中国从融入全球化到塑造全球化，从向世界开放到世界向中国开放的态势转变。从国际背景说，是中国塑造欧亚一体化，巩固大周边依托，推进贸易投资便利化，深化经济技术合作，建立自由贸易区，最终形成欧亚大市场。

"一带一路"也并非简单的中国对外投资。中国经济增长模式正从出口、引资驱动向投资、创新转型，争取产业、行业标准、国际话语权，日显重要。"一带一路"建设充分彰显我国有企业优势及制度优势，正推动中国从靠拼劳动力、资源、资本、技术优势向标准、话语权、发展模式及创新优势转化。印尼雅万高铁之所以中方击败日方胜出，就在于中方绕开了印尼方政府担保的前提，背后都是中国国有银行的支持。中国模式在非洲正大显身手。非洲第一条中国标准跨国电气化铁路，从设计、施工到运营，全都采用中国模式。肯尼亚的蒙内铁路和蒙巴萨港口建设也是如此。

资金从哪里来? 基础设施互联互通资金缺口巨大。据《超级版图》一书预测，未来四十年人类基础设施投入超过过去的四千年！因为发达国家基础设施要升级换代，比如要建信息港、数字通关、智能电网、智慧城市等，而发展中国家普遍面临基础设施短板困扰。"一带一路"建设靠中国一家投资是不现实的，必须采取全球融资方式，创新融资模式，公—私合营 PPP 模式为此受到青睐。看到基础设施巨大投资缺口就担心中国去学雷锋、做冤大头，把钱投给"一带一路"项目，大概是本能的反应。

按照经济学家统计，中国只需要 6 千亿美元外汇储备就够了，中国 3 万亿—4 万亿美元外汇储备中的大头都是应用来投资的，这与扶贫开发的钱或国内其他财政投入不是一回事。

"一带一路"并非中国的独奏，而是世界的合唱，强调借力，中国只是发起融资方之一，提供关键项目的种子基金，吸引国际金融市场融资，包括：世界银行、亚洲开发银行等其他开发机构贷款；丝路基金，首批 400 亿美元；丝路基金有限公司 2014 年底挂牌；金砖国家开发银行、上合组织开发银行、海上丝绸之路银行；中国发起成立亚洲基础设施投资银行（AIIB），初始资本金 500 亿美元，类似欧洲投资银行（EIB）融资模式。"一带一路"强调创新合作模式，尤其是融资模式，包括公私合伙（PPP）、总承包 EPC 模式（Engineering、Procurement、Construction，设计+采购+建设）等，具有九大资金平台：丝路基金、亚投行、金砖银行、欧洲复兴开发银行、国家开发银行、中国—东盟投资合作基金（进出口行）、中国保险投资基金、中非产能合作基金（外汇储备，进出口行）、丝绸之路黄金基金。

资金往哪里投？投资美日发达国家，固然风险少，但面临投资设限的障碍，长远收益不及"一带一路"沿线国家。风险与收益成正比。着眼发展潜力，占有未来市场，就要投资"一带一路"沿线国家。这些国家普遍处于中国改革开放初期阶段，十分看重中国工业化、城镇化经验。中国的技术市场化能力超强，最能发挥中国投资"一带一路"沿线国家的潜力。电、汽车都不是美国人的发明，但美国人把欧洲的发明用到极致；今天，中国也把高铁、互联网等并非中国发明用到极致，将来国际高铁标准、5G 标准相当程度就是中国标准或中国标准占重要分量。投资"一带一路"沿线国家和基础设施项目，能源及港口等国计民生工程，有助于增强沿线国家对中国的战略经济依赖，形成与我命运共同体，摆脱对美西方的依赖。

"一带一路"着眼于"五通"——以资金、技术优势制定标准：1）产业标准：新基础设施（如 5G 技术）；2）大宗商品定价权：能源管道；3）国际投资、贸易规则：C-WTO，E-WTO（从商业领域到电子商务领域的世贸规则，马云后来改称 E-WTP），在此基础上，推进不断深化与"一带一路"沿线国家标准化双多边合作和互联互通，大力推进中国标准"走出去"，提升中国在全球分工体系中的地位。"一带一路"建设也是中国反对保护主义，在全方位开放中进一步推动投资便利化，打造开放共赢的合作模式，建设包容性全球化，提升中国的国际话语权。因此，"一带一路"建设要算战略账、政治账，而不只是经济账。

面对外国政府更迭频繁，信用缺失，老百姓担心"一带一路"经济效益与安全风险，完全可以理解。但是，评估"一带一路"收益，不能就事论事，要看长远、全局，看关键环节，考虑到大国投资基础设施的历史惯例。再说，规模效应也需要时间积累，比如中欧班列，存在回程空车问题，就是规模不够。

的确"一带一路"有关投资合作项目特别是部分基础设施项目投入资金大、建设周期长、成本回收慢；但从长远看，对提升区域基础设施互联互通水平、造福沿线各国人民具有重大而深远的意义。项目也要区分是战略项目、政策项目还是商业项目：战略性项目是国家担保的，如中巴经济走廊服务于中亚和新疆地区进入印度洋的战略目标，本身是不以赚钱为目标的；政策性项目多为示范工程，如雅万高铁，是国企担保项目，服务于赢得1亿印尼人人心，不能简单以赚钱与否来衡量其价值；而剩余的商业性项目则本身是按照市场原则办的，是赚钱的。部分项目出问题，受耽误，长远和整体看也是在试错，为其他项目和后期项目做铺垫。

2018年1月14日，外交部长王毅在罗安达与安哥拉外长奥古斯托会谈后共同会见记者。有记者问及中方对国际上有人称中国向安哥拉等非洲国家提供融资增加了有关国家债务负担且背后有政治考虑的看法。王毅表示，这种说法别有用心，完全是不实之词。近年来，随着中非合作的日益拓展和深入，中方的确在融资方面加大了对非洲国家的支持。需要强调的是，中方在此过程中始终遵循了几个基本原则：

一是响应非洲自身发展的需要。任何国家的经济起飞和工业化初期阶段，都有巨大的资金需求，非洲当然也不例外。中方依据非洲国家提出的意愿，在力所能及的范围内给予融资支持，对非洲各国的经济社会发展起到了雪中送炭作用，受到了各国一致肯定和欢迎。

二是从不附加任何政治条件。中国同非洲国家一样，都有过被外国掌控经济命脉，进而遭受不公正待遇甚至被剥削压迫的惨痛经历。因此，中国对非洲无论是援助还是合作，都绝不会搞西方国家那一套，更不会强加于人，而是始终尊重非洲、帮助非洲，义利相兼，以义为先。

三是坚持互利共赢的原则。中非合作本质上是南南合作，南南合作的一个重要特点就是平等相待，互利共赢，这样才能真正持续和长久，实现双方的共同发展。为此，中国给予非洲的资金支持，都要经过认真的可行性研究和市场化论证，以确保每一个合作项目都能取得应有的经济和社会效应。

王毅强调，当前一些非洲国家的债务是长期积累的结果。而解决债务问题的思路也已经明确，这就是走可持续发展之路，实现经济多元化发展，中方对此予以坚定支持，并愿为非洲提高自主发展能力，实现经济社会发展良性循环继续做出我们的努力。我们高兴地看到，非洲经济去年已触底反弹，非洲国家都意识到可持续发展的重要性。非洲的发展依然大有希望。

王毅表示，中国有句俗话：鞋子合不合适，只有脚知道。对于中国的对非合作，最有发言权的是非洲。中国还有句话叫作：公道自在人心。到底谁才是真心帮助非洲，谁才是非洲最可信赖的伙伴，非洲人民心中有杆秤，自然会得出公正的结论。

总之，遵循"企业主体、市场运作、国际惯例、政府引导"原则，秉持共商、共建、共享理念，"一带一路"建设不是对外撒钱，而是新的长征，是中国在沿线国家的宣言书、宣传队、播种机，将中国与有关国家的合作与友谊拓展与深化，极大提升中国制造、中国营造、中国规划的能力与信誉，提升中国威望。就其地缘经济与战略效应而言，正在发现旧大陆，解放全球生产力，重塑人类文明史与全球化话语权，体现中国崛起的天下担当。

（根据 2017 年 12 月 8 日在南非金山大学的演讲及其后辩论内容整理而成）

美　洲

中美共做"一带一路"生意，何乐不为

"美国人的事就是做生意（American business is business），特朗普当选美国总统是再好不过的说明。'一带一路'是全球最大的生意，美国怎能错过呢？"

刚刚在哥伦比亚大学举办的主题为"下一个五十年"的中美大学与智库论坛"'一带一路'：中美的视角"小组发言时，笔者的开场白引发了与会美国人的极大兴趣。"听您讲完才知道，原来'一带一路'不只是搞基建啊，是做大生意！"一位美国生意人提问时先感慨一番。

论坛是特朗普新政府第一次中美社会与人文交流机制配套活动，基辛格博士、刘延东副总理分别在开幕式上发表了热情洋溢的主旨演讲。基辛格博士演讲中称赞"'一带一路'将大西洋与太平洋通过欧亚大陆联系在一起，影响深远，再次显示中国作为古老文明而非现代民族国家的担当。美国应吸取亚投行教训，对此作出积极表态"。论坛承办方人大重阳金融研究院、美国亚洲协会政策研究院论坛期间还签署了"中美合作推进'一带一路'项目调研"的谅解备忘录。

"让美国再次强大的路取道北京。"美国的"中国通"白邦瑞去年底在京参加盘古智库研讨会上的表态,道出了中国的分量。特朗普百日维新计划中提出美国能源与基建法案。利用税收减免来鼓励公私合营与吸引私有资金的投资,并在未来十年内对基础设施项目投入1万亿美元资金,项目预期将达到收支平衡。在这方面,中国显然比日俄更能吸引特朗普。

真所谓不打不相识,尽管未来中美汇率、贸易、安全冲突难以避免,但经过一个阶段的磨合,双方完全可能找到一条让美国再次强大的新美国梦、让中国伟大复兴的中国梦融通之路。

以基础设施互联互通为基本内涵的"一带一路"为此指明了方向。一些美国人就认为,中国的"一带一路"建设并不必然是与美国竞争的,也给美国带来机遇,比如引导中国在欧亚大市场建设中与俄罗斯竞争,美国坐收渔利,或引导中国陷入阿富汗、中亚泥潭。还有人建议美国应寻求将"新丝绸之路计划"与"一带一路"对接,稳定阿富汗局势,加强与中国在地区安全治理上的合作。美国有智库甚至主张美国选择性参与一些经济走廊建设,重点防范中亚—西亚经济走廊、中欧合作对美国联盟体系的冲击。

美国人秉承 If can not beat you,then join you(如果不能打败对方,就加入之)理念,完全可能参与"一带一路"建设。特朗普总统也表示对加入亚投行的开放态度。这样看来,"一带一路"进入发达国家的发展中地区,进入美国的中西部地区,通过中美省州合作,吸引美国参与,都是值得期待的。按照林毅夫教授模型,发展中国家每增加 1 美元的基础设施投资,将增加 0.7 美元的进口,其中 0.35美元来自发达国家。全球基础设施投资将增加发达国家的出口,为其创造结构性改革空间。"一带一路"着眼于发展中国家基础设施投入带来美国出口、创造大量就业机会。

许多人误将"一带一路"当作应对美国重返亚太或 TPP 的战略,其实也是冷战思维作怪。"一带一路"强调共商共建共享,并不局限于沿线国家,也包括相关国家。项目也许在沿线国家,但标准、规则、资金、技术、人才是全球性的,美国企业、美国人和美元已经大量参与"一带一路"建设了,比如马六甲皇京港建设,美国公司投了百亿马币而中国公司投了三百亿马币,亚投行用的也是美元,丝路基金首席顾问是美国人。因此,美国是"一带一路"相关国家和事实上的参与国家。美国是世界所有国家的邻国。中国的智慧是太极——借力,不会也无法排斥美国。"一带一路"是中国全方位开放战略,推动经济发展模式转型,并激发新的全球市场,实现全球化从部分全球化(partial globalization)到包容性全球化(inclusive globalization)的升级,会给美国带来多少新机遇。据麦肯锡公司预测,到 2050 年,"一带一路"将贡献 80% 的世界经济增长,新增 30 亿中产阶级。多少美国梦再现啊!

中美可在以下领域展开 21 世纪海上丝绸之路建设合作,以规避海上的传统安全冲突:(一)维护海洋和平和海上秩序。中美在国际海事组织(IMO)、国际船舶和港口设施保安规则(ISPS code)及国际海上人命安全公约(SOLAS)等各种国际海洋组织、条约、法律方面共同制定海上规则和秩序,维护海洋和平。(二)全球气候变化。海洋调节全球气候。(三)海上航运与物流合作。(四)海洋产业合作。(五)海洋环境保护。(六)海洋科学研究信息共享。

"让美国参与中国倡议,放不下啊!"一位在哥大教书的中国学者对笔者表示。看来更务实的提法是,中美共同倡议"一带一路"

2.0，如何？"一带一路"1.0是中国倡议，以古丝绸之路历史记忆激活欧亚非国际合作热情；"一带一路"2.0是中美共同倡议，随着全球气候变暖，白令海峡隧道开通，从欧亚大陆延伸到北美、拉美，从传统"五通"领域拓展去经营世界的新领域：太空、深海、极地、网络等。"一带一路"2.0开创欧亚大陆时代2.0——陆海联通、海洋时代2.0——深海时代，从地理大发现到时空大发现。"一带一路"2.0时代空间拓展到赤道、北极，延伸到南美等，以开放包容精神，开创新的全球化，将中国传统"天、地、人"思维拓展到"天、地、人、海、空、网"，实现人机交互、天地一体、万物互联，打造21世纪人类新文明。

在"一带一路"2.0框架下，中美产能合作、合作开发第三方市场等，十分期待，而中美联手倡议成立全球基础设施投资银行，为全球互联互通提供全方位金融服务、促进全维度金融合作、统筹全区域金融稳定，则极有利于美国和全球的基础设施建设。

或照顾到美国人面子，不用"一带一路"而是用全球基础设施银行、全球互联互通计划、国际发展开发署之类名义，实现美国在软基础设施的规则、标准上的优势与中国在硬基础设施上的优势结合；美国在安全体系上的优势与中国在经济上的优势结合，开发第三方市场、共同维护海上通道安全、开发和保护海洋等，推动各自经济发展模式转型、全球化转型，并在这一过程中实现中美关系转型，为国际社会所期待。

美国人对中国倡议要么有疑虑，担心中国另起炉灶，挑战国际秩序，要么还不习惯中国做领导，带动其盟国跟随。其实，正如亚投行用美元而非人民币所显示的，"一带一路"是对现行国际体系的有益补充，而非挑战。美国的影响力如果有所下降，绝非中国，而是自身行为所致，正如美国退出《巴黎气候变化协定》后在欧洲形象一落千丈，难道是"一带一路"带来的?! 美国还担心"一带一路"的环境、劳工影响，其实卡拉奇每年要热死一千人，如今中巴经济走廊让巴基斯坦 2020 年实现能源自主，每年在卡拉奇就少热死一千人，极大提升巴基斯坦人权! 而且让巴基斯坦经济增长从四年前的 3.7% 飙升到现在的 5.2%，以发展促安全，将巴基斯坦从美国认为的失败国家、最高投资风险国家，变成投资的热土，难道美国不应为此感谢中国吗? 在尼泊尔，中国梦——本身就学习和借鉴了美国梦，正鼓励尼泊尔实现亚洲的瑞士梦和中等收入发展中国家梦，这不正是美国软实力的体现吗? 中国是美国现代化的学生，如今开始做老师，带动"一带一路"国家实现现代化，作为老师的美国应该感到高兴才对啊，哪有老师嫉妒学生的呢?!

美国善于"抓革命"——输出民主，中国善于"促生产"——提升民生，互补性强，完全可在"一带一路"的安全与发展问题上实现优势互补、共同合作，做大生意!

中美合作建设"一带一路"，还超越了做大生意层面，关系到构建更具包容性国际体系、包容性全球化的大局。原来的国际体系主要是美国提供安全、金融公共产品，不适应国际政治经济格局变化了，和中国合作建设"一带一路"，将新自由主义推动的资本导向（of capital，by capital，for capital）的全球化，转变为发展导向的全球化（of the people，by the people，for the people），让投资回归实体经济而不是制造越来越多的金融泡沫，是应对民粹主义挑战，实现开放、包容、均衡、普惠全球化的希望所在。

中美未来合作，可以参照法德合作推动欧洲一体化模式——德国人的想法，让法国人说出来，中美合作提倡议，或美国提，中国呼应；中国提，美国呼应。功能性参与、建设性合作，符合特朗普个性。

正如基辛格博士开幕式上致辞所言，中美面临的问题越来越趋同或类似，任何一家都无法单独解决或靠原有联盟体系就能应对。面对世界的不确定性和全球性挑战，合作不是中美选择，而是必然；对抗才是选择，而对抗往往两败俱伤，世界遭殃，得不偿失。

（2017年9月26日在哥伦比亚大学举办的中美大学与智库论坛上的发言）

拉美与"一带一路"：从自然延伸到天然伙伴

"一带一路"倡议的提出，标志着中国开始在全球治理中发挥重要作用，并努力为解决全球问题贡献自己的智慧和方案。它意味着中国不止于关注自身的利益，而是将中国利益和全球利益有机地融合在一起。这就是人类命运共同体——而"一带一路"倡议正是构建人类命运共同体的重要合作平台。随着这项倡议从理念演变为行动，从沿线国家延伸到更远的拉美，"一带一路"也将中国同拉美紧密地联系在一起，并日益对拉美地区彰显出越来越重要的意义。

一

志合者，不以山海为远。拉美和加勒比地区是"一带一路"推动的全球互联互通计划的自然组成部分，从自然延伸到天然伙伴，角色不断提升。

2018 年 1 月 22 日，中国—拉美和加勒比国家共同体论坛第二届部长级会议在智利首都圣地亚哥闭幕。东道主智利外长埃拉尔多·穆尼奥斯在圣地亚哥举行的新闻发布会上说，现在是"一带一路"国际合作来到拉美的最佳时机。"正如智利总统巴切莱特所说：从前，太平洋将我们分开；如今，太平洋将我们相连。"穆尼奥斯说，"科技进步更使得拉美与中国互联互通成为可能，不只是陆路、海路相连，还通过航空与互联网相连。"会议专门通过和发表了《"一带一路"特别声明》，标志着拉美从"21 世纪海上丝绸之路的自然延伸"到"'一带一路'合作伙伴"的升级。

以中拉论坛第二届部长级会议为标志，习近平主席提出的共建"一带一路"伟大构想已经全面延伸到拉美大陆，成为覆盖各大陆、连接各大洋、最受欢迎、规模最大的国际合作平台，也是中国向世界提供的最重要公共产品。阿根廷总统马克里、智利总统巴切莱特，以及来自秘鲁、巴西、墨西哥、乌拉圭等其他拉美国家的部长均参加了 2017 年 5 月的"一带一路"国际合作高峰论坛。参会的联合国拉美经委会秘书长阿里西亚·巴尔塞纳博士表示，"一带一路"是一个开启互联互通和共同繁荣的建议，拉美和加勒比地区不能被落下。

习近平主席给中拉论坛第二届部长级会议开幕致贺信中指出，历史上，中拉开辟了"太平洋海上丝绸之路"。今天，双方要描绘共建"一带一路"新蓝图，打造一条跨越太平洋的合作之路，把中国和拉美两块富饶的土地更加紧密地联通起来，开启中拉关系崭新时代。

这表明，中拉合作建设"一带一路"具有历史合情性、现实合理性和未来合法性。

——历史合情性。"一带一路"建设在拉美和加勒比地区的拓展是历史的自然延续。早在 16 世纪中叶，"太平洋海上丝绸之路"就连接起中拉。通过这条海上通途，双方不仅发展贸易，也促进了两大文明交流。这为中拉合作建设"一带一路"奠定了坚实的民意与感情基础。

——现实合理性。得天独厚的拉美及加勒比地区地域辽阔，自然资源丰富，社会—经济发展基础良好，使中拉关系具有明确的相互依赖和经贸增长潜力，然而拉美国家纷纷陷入"中等收入陷阱"，对中国发展模式和改革开放成就赞不绝口，纷纷将本国梦与中国梦对接。中拉贸易与拉美经济发展的"同频共振"不是巧合。中国市场的强大支撑和中国经济发展的带动，在拉美经济的复苏中起到关键作用。美洲开发银行最新数据显示，2017 年拉美和加勒比地区对中国贸易出口额同比增长 30%，中国对拉美出口增长贡献最大。

——未来合法性。建立公正合理的国际新秩序是中国和拉美国家的共同意愿。摆脱依附体系，实现现代化，打造横向互联互通全球化，是中拉命运共同体的重大使命。智利与中国正考虑在两国之间建设一条跨太平洋海底光缆，将拉美与中国连在一起。拉美和大部分"一带一路"成员国不但是发展中国家，而且在国际舞台上，分享了许多共同的利益。历史上，亚非拉国家一起高举反殖民地统治斗争的旗帜。最近，它们争取改革国际政治金融体系，推动建立一个更加公平、合理和平等的国际秩序。目前，亚非拉国家在数个多边机构有着良好的合作，诸如二十国集团、联合国、金砖五国、亚太经合组织、东亚—拉美合作论坛等等。正式包括拉美国家以后，"一带一路"能成为一个新的发展中国家合作平台。

王毅外长指出，中拉共建"一带一路"有着牢固合作基础，中国迄今已同 80 多个国家和国际组织签署了共建"一带一路"政府间协议。中国同智利、秘鲁、哥斯达黎加建成双边自贸区，同多个地区和国家达成贸易和投资便利化安排，签署了产能合作协议。近年来电子商务、数字经济的兴起,又为中拉经贸往来推开了新的大门。中拉还开展了形式多样的金融合作,其中350亿美元对拉一揽子融资安排已落实170多亿美元,300亿美元中拉产能合作专项基金也已启动,并成立了为此运行的基金有限责任公司。中拉合作好比一棵果树,如果双方引来"一带一路"的清泉悉心灌溉,中拉整体合作和双边合作就能更加枝繁叶茂,结出更多甘甜的果实。在推进"一带一路"过程中,中拉合作也将实现优化升级、创新发展,打造出领域更宽、结构更优、动力更强、质量更好的中拉合作新局面,开辟出中拉合作的新境界。

二

拉美加勒比地区对接"一带一路"的渠道包括:

1. 发展战略对接: "一带一路"赋予中国—拉共体论坛的"1+3+6"方案以全球含义。中国与拉丁美洲和加勒比地区国家打造了中拉务实合作"新框架":"1+3+6"。"1"是制定"中国与拉美和加勒比国家合作规划(2015—2019)";"3"是以贸易、投资、金融合作为"三大引擎";"6"是以能源资源、基础设施建设、农业、制造业、科技创新、信息技术六大领域为合作重点。这是拉美和加勒比地区与中国开展发展战略对接的机制基础。

2. 国际产能与经贸合作:中拉共建"一带一路"有着牢固的合作基础。中国同智利、秘鲁、哥斯达黎加建成双边自贸区,同多个地区国家达成贸易和投资便利化安排,签署了产能合作协议。中拉将共同建设物流、电力和信息三大通道,发挥企业、社会、政府三者合力，拓展基金、信贷、保险三条融资渠道，支持拉美尽快建成自主多元的工业体系。此外，"一带一路"科技创新行动计划也将对接拉美，双方可在航空航天、再生能源、人工智能等新兴领域合作，搭建中拉网上丝绸之路和数字丝绸之路。随着中拉论坛成立，中拉关系驶入"快车道"，务实合作水平不断提升。中拉共建"一带一路"不仅提升拉美基础设施水平，还为当地创造就业机会，促进经济发展，带给当地民众实实在在的获得感。

3. 互联互通，首要表现在"五通"领域：

在政策沟通方面，除了战略对接外，中拉坚持多边主义，坚持自由贸易体制，反对保护主义，建设开放型世界经济，促进全球治理体系的健康运行，推动经济全球化朝着开放、包容、均衡、普惠、共赢的方向发展，存在巨大合作空间。尤其是，拉美和加勒比海集中了台湾最多的所谓的"邦交国"（11个国家），因此拉美地区融入"一带一路"能产生激励作用，提升中国国际影响力。

在设施联通方面，所有的拉美国家基础设施增长速度已无法满足地区的需求。"一带一路"旨在建立一个洲际交通网络。中国试图建立的这个交通网络，必然要覆盖到拉美，因为该地区是中国发展经济所需原材料的主要来源地之一。因而双边交通合作的前途无量。南美洲国家缺乏一个高效的互联交通系统。由于历史、地理和经济的原因，地面连接很少，并且条件差。增加拉美交通、口岸基础设施项目等的投资必然降低运输成本，扩大中拉贸易关系。此外，拉美基础设施的公司参加"一带一路"的巨大项目，有利于降低投资成本和风险。

在贸易畅通方面，贸易畅通在中拉关系中占有核心地位。拉美和加勒比地区是中国自然资源和能源的重要来源地，同时又是接受中国出口成品的大市场。经过几年的两位数增长，最近贸易总额发展速度降低了；双方之间的投资，却逐年增长。据拉丁美洲和加勒比经济委员会的统计，中国已成为拉美和加勒比地区的第三大直接投资国。中国对拉美和加勒比地区国家的贷款是西方所有多边开发银行贷款总和的两倍，这些银行包括世界银行、美洲开发银行和拉丁美洲开发银行。中国还与拉美一些国家签署了自由贸易协定。拉美对中国的商业重要性使该地区成为"一带一路"自然合作伙伴。

在资金融通方面，亚投行和丝路基金，与拉美双多边金融机构合作的机会多。中国是美洲开发银行成员国。一些拉美国家与中国展开货币互换协议（诸如巴西、阿根廷）。中国在拉美也建立了双边投资基金："中国—委内瑞拉联合融资基金"（简称"中委基金"，2008年成立）、"中委长期大额融资基金"（FGVLP，2009年成立）、"中国—墨西哥投资基金"（2013年）和"中国—美洲开发银行基金"（2013年）等。"一带一路"计划也能帮助中国银行在拉美扩张金融活动。目前，中国最大的银行，即中国银行、中国农业银行、中国工商银行、中国交通银行、中国建设银行、中国开发银行与中国海通证券，已经在拉美投资。"一带一路"能把中拉金融合作提高到新水平。

在民心相通方面，中国与拉美在教育、社保、医疗、环保等领域也有合作。唯以心相交，方成其久远。共建"一带一路"，不仅仅局限于架桥修路和地理概念上的"硬联通"，还包含政策、贸易、资金、民心上的"软联通"。

共建"一带一路"，中国与拉共体重点深化五大领域的合作，即共同建设陆洋一体的大联通，培育开放互利的大市场，打造自主先进的大产业，抓住创新增长的大机遇，开展平等互信的大交流。中方将积极参与拉美地区交通运输、基础设施、能源等硬件建设和互联互通，支持拉美国家建设两洋铁路、两洋隧道等关键通道，开辟更多中拉海洋航道、直航航线，不断提升中拉联通网络的密度和容量；中方将促进同拉美地区各国贸易和投资便利化，培育好中拉 20 亿人口的大市场。

必须指出，拉美地区的二元性突出，这为中欧开展在拉美地区的合作提供巨大空间。中欧合作经营拉美市场是推进全球治理、地区治理和世界多极化的需要。拉美是发展中国家最集中的地区之一，除了智利、秘鲁、墨西哥是经合组织（OECD）国家外，全为发展中国家。但作为前西班牙、葡萄牙等欧洲国家的殖民地，文化、人种总体上是欧洲式的，政治与社会结构也具有较明显的欧洲色彩。这种南方国家与欧洲文化的二元性在巴西等国表现得尤其明显，墨西哥与加勒比国家则是南方国家与西方文化的二元性，因为受到美国的巨大影响。中国进入拉美，缺乏语言、国情等了解，必须与欧洲合作，而拉美地区普遍对中国寄予高度厚望。

（本文在第三届中拉学术高层论坛上的演讲基础上更新而成，智利安德烈斯·贝略大学中国研究中心，2014 年 11 月 25 日）

第三部分
"一带一路"的国际话语权

“一带一路” 为何重视基础设施互联互通

习近平主席说过，“一带一路” 建设是我在 2013 年提出的倡议。它的核心内容是促进基础设施建设和互联互通，对接各国政策和发展战略，深化务实合作，促进协调联动发展，实现共同繁荣。

的确，“一带一路” 的含义首先是由铁路、公路、航空、航海、油气管道、输电线路、通信网络组成的综合性立体互联互通的交通网络。“一带一路” 建设的八大优先合作领域之首就是促进基础设施互联互通，中国将与沿线各国和地区在交通基础设施、能源基础设施和通信干线网络三个方面加强合作。

“一带一路” 为何重视基础设施？基础设施不赚钱，或短期内不赚钱，为何中国要投资外国的基础设施？这是国内外普遍关心的问题。

基础设施、互联互通、战略对接、国际产能与装备制造业合作、协调联动发展，这就是 “一带一路” 为什么能的关键词。

（一）以基础设施为例，“一带一路” 建设牵住了世界经济发展的牛鼻子。要致富，先修路；要快富，修高速；要闪富，通网路，是中国脱贫致富经验的鲜明总结。基础设施先行，通过 “八平一整”

搞开发区，产业链跟上，投资贸易便利化谈判，形成欧亚大市场，并延伸到非洲、拉美地区，就是"一带一路"所折射的中国发展模式形象总结。

根据世界银行的统计数据，发展中国家目前每年基建投入约 1 万亿美元，但要想保持目前的经济增速和满足未来的需求，估计到 2020 年每年至少还需增加 1 万亿美元。到 2030 年，全球预计将需要 57 万亿美元的基础设施投资。按照世界银行前高级副行长林毅夫教授模型，发展中国家每增加 1 美元的基础设施投资，将增加 0.7 美元的进口，其中 0.35 美元来自发达国家。全球基础设施投资将增加发达国家的出口，为其创造结构性改革空间。

美国战略家康纳在《超级版图》一书中提出，未来 40 年的基础设施投入将超过人类过去 4000 年！传统全球化中的关税减让，最多能推动世界经济增长 5%，而新型全球化中的互联互通，将推动世界经济增长 10%—15%。因此，"一带一路"给全球化提供更强劲动力，并推动改革传统全球化，朝向开放、包容、均衡、普惠、共赢方向发展。麦肯锡咨询公司曾经预测，如果硬件和软件的基础设施建设在这些沿线国家能够成功，到 2050 年，"一带一路"沿线区域将为全球带来 80% 的 GDP 增量和 30 亿新中产阶层。在可持续发展方面，可以把非化石能源占一次能源消费比重提高到 25% 以上。麦肯锡也对基础设施建设的乘数效应进行了估算，预计每 10 亿美元的基础设施建设投资可以创造 3 万到 8 万个就业岗位，新增 25 亿美元的 GDP。

我们可以看看基础设施与经济发展水平的关系：

·经济欠发展阶段：经济生活对基础设施需求度较低。

·经济发展阶段：经济发展对基础设施的需求迅速增长，可供给的公共资金与实际需求之间存在较大缺口。

·发达阶段：基础设施基本完善，经济发展重要通过创新拉动。

（二）基础设施互联互通充分展示中国的新比较优势。中国在"铁公基"、天电网、陆海空、人机交互、万物互联等传统、新兴基础设施各个领域，从设计、建造、运行、管理、资金、技术、人才、培训等各个环节，最重要的是效率和性价比，具有无可比拟的全方位优势，这在世界上绝无仅有。Timetric's Infrastructure Intelligence Center（IIC）的研究显示，2017 年全球基建投资中，中国占比 31%。中国参与的海外建设项目多达 1034 个，多数位于亚洲、中东和非洲，其中 40% 为铁路基建项目。

中国的比较优势，不仅在于基建能力强，且拥有强大的国资委、发改委和独立完整的产业体系，长远稳定的决策体系，统筹协调的文化传统。"一带一路"聚焦基础设施互联互通，克服了谁来解决市场经济解决不了的第一桶金问题，通过开发性金融，创造和培育市场，彰显中国发展模式的魅力。

更重要的，基础设施要联网、升级，实现互联互通。原来私人资本不仅不愿修基础设施，且不相互衔接。习近平主席在"一带一路"国际合作高峰论坛上发表的主旨演讲中指出，"设施联通是合作发展的基础。我们要着力推动陆上、海上、天上、网上四位一体的联通，聚焦关键通道、关键城市、关键项目，联结陆上公路、铁路道路网络和海上港口网络"。这就是为什么中国倡导成立的亚洲基础设施投资银行和丝路基金，吸引到发达国家广泛参与的重要原因。中国通过基础设施建设实现产业转移和国际产能合作，打造立体的、相互衔接的、互联互通的横向全球化，不仅让中国占据更大市场，而且将中国标准、模式走出去，变成世界标准，提升我国制度性国际话语权。

（三）通过倡导基础设施的互联互通，"一带一路"正在治疗新自由主义全球化顽疾，引导热钱流向实体经济，正在消除全球金融危机之源，让全球化惠及更广泛的民众。新自由主义全球化是资本导向的全球化，私人资本不愿投基础设施，资本主义的政治周期无法满足长、慢周期的基础设施需要，资本全球化服务选票而非老百姓，致使全球基础设施成为世界经济发展的短板：发达国家基础设施要升级换代，发展中国家基础设施严重短缺。原来的国际体系主要是美国提供安全、金融公共产品，这已经不适应国际政治经济格局变化了，和中国合作建设"一带一路"，将新自由主义推动的资本导向（of capital，by capital，for capital）的全球化，转变为发展导向的全球化（of the people，by the people，for the people），让投资回归实体经济而不是制造越来越多的金融泡沫，是应对民粹主义挑战，实现开放、包容、均衡、普惠、共赢全球化的希望所在。

脱贫致富、削减贫富差距、全球有效治理，是"一带一路"聚焦基础设施互联互通的三大效应。贫困是人类的公敌，盗贼出于贫穷，不患寡而患不均。通过基础设施的投入，产生"火车一响，黄金万两"的效应。全球 90% 的贸易通过海洋完成，80% 的产出来自沿海地区 100 公里地带。"一带一路"通过陆海联通，消除沿海与内陆地区发展差距。不仅如此，"一带一路"成为推动国际社会实现联合国 2030 年可持续发展目标的重要合作倡议。倡议探讨构建全球能源互联网，推动以清洁和绿色方式满足全球电力需求，就是典型例子。世界上 11 亿人没有用上电，印度就有 3 亿多。国家电网长距离、特高压输电网，实现成本最小化，推动人类共同实现现代化。

"一带一路"展示从中国制造（made in China）到中国建造（built by China）的转变。基础设施—民生先行的发展导向，再穷不能穷教育，不把贫困传给下一代的中国发展模式在"一带一路"沿线国家越来越具有吸引力。尤其是，"一带一路"在非洲推行高速公路网、高速铁路网、区域航空网和基础设施工业化这"三网一化"，帮助非洲国家完成造血功能，让非洲市场以点带线，以线带片，从基础设施（港区铁路贸五位一体）互联互通着手，帮助非洲获得内生式发展动力，形成经济发展带，实现工业化和农业现代化，共同脱贫致富，实现非洲2063年议程和联合国2030年可持续发展目标。

当然，"一带一路"沿线国家的设施联通是一个立体、复杂、多元化的综合基础设施网络，涉及领土主权、法律规范、技术标准、环境评估，更涉及政府、企业和个人，以及项目的设计、融资、施工、运营管理等众多领域、方面和层次，需要创新合作模式，克服各种困难，先试点再推广，久久为功，步步为营，逐步推进。

（写作于2018年1月）

"一带一路" 展示中国模式魅力

    "一带一路"，全称叫"丝绸之路经济带"和"21世纪海上丝绸之路"。有三个关键词，第一个是"21世纪"。"一带一路"首先是由铁路、公路、航空、航海、油气管道、输电线路、通信网络组成的综合性立体互联互通的交通网络，其核心词是互联互通——万物互联、人机交互、天地一体，鲜明体现21世纪特色。第二个是"带"，是经济带经济走廊与经济发展带，是中国改革开放模式经验的体现。共建"丝绸之路经济带"，以点带面、从线到片，逐步形成区域大合作。第三个是"路"。中国人有句话："要致富先修路，要快富修高速，要闪富通网路"，在中国，"路"还不是一般的路，是道路，"路"只是实现"道"的一种方式。"道"怎么说的呢？《道德经》第42章说，"道生一，一生二，二生三，三生万物"。今天的道就是命运共同体。因此，"一带一路"不是一条，而是很多很多条，大家都有份，因为它是开放的、包容的。

    通过说文解字，就不难明白，"一带一路"是既有中国文化又有中国特色的发展模式，但这个中国特色越来越对别的国家产生吸引力，具有世界意义。近年来，广大发展中国家对西方模式日益失望，乃至绝望，而对中国模式越来越感兴趣，赞赏中国脱贫致富、快速发展的奇迹。过去，中国对外援助不附加政治条件，减少了发展中国家对西方的援助依赖；现在，中国投资模式又区别于西方模式，正在补发展中国家经济发展的短板。

"一带一路"所蕴含的中国模式包括：

——政府—市场双轮驱动：像乌兹别克斯坦这样的双重内陆穷国，按市场经济是很难获得国际金融机构贷款的，但获得了中国国家开发银行贷款，彰显"政府+市场"双轮驱动的中国模式魅力。印尼雅万高铁之所以中方击败日方胜出，就在于中方绕开了印尼方政府担保的前提，背后都是中国国有银行的支持。中国模式在非洲正大显身手。非洲第一条中国标准跨国电气化铁路，从设计、施工到运营，全都采用中国模式。肯尼亚的蒙内铁路和蒙巴萨港口建设也是如此。

——基础设施先行的工业化：过去，中国有"火车一响黄金万两"的说法，改革开放又有"要致富先修路，要快富修高速，要闪富通网路"的脱贫致富经验，让世人尤其是发展中国家人民很容易为"一带一路"四个字所打动。三十余年将七亿人脱贫致富，占人类脱贫致富贡献的七成，这是激励许多发展中国家愿意跟着中国走，积极融入"一带一路"的最直接动因。没有基础设施，就很难实现工业化；没有实现工业化，民主化就注定失败。

——经济走廊：中国改革开放探索出一条工业走廊、经济走廊、经济发展带模式，先在沿海地区试点，继而在内陆港口城市和内陆地区试点推广，形成经济增长极、城市群，带动整个中国的改革开放。现在，"一带一路"要让非洲市场以点带线、以线带片，从基础设施（港区铁路贸五位一体）互联互通着手，帮助非洲获得内生式发展动力，形成经济发展带，实现工业化和农业现代化，共同脱贫致富。

——开发性金融：不同于商业性金融和政策性金融，开发性金融不只是金融活动，同时还是一个制度建设的活动。"一带一路"沿线很多国家的市场经济制度不健全，中国就希望通过金融服务的推广来帮助这些国家进行制度建设。这就是开发性金融。

——开发区模式：利用开发区模式在"一带一路"国家投资，有利于防范风险，抵御外部干扰，保护开发者和投资者。不仅发展中国家在学习，发达国家也在试点。西哈努克港、皎漂港、瓜达尔港、蒙巴萨港成为柬埔寨、缅甸、巴基斯坦和肯尼亚的深圳，促进了这些国家的改革开放、陆海联通和经济起飞。

——义乌小商品市场模式：非常适合发展中国家的商业交易平台模式。如今，结合跨境电子商务、互联网金融，这种模式在中欧班列中大显身手，有效推动了中小企业走出去，促进全球化的当地化。

——地方合作模式：中欧班列从渝新欧开始的短短五年，已累计开行6235列，2017年开行数量达3271列，安排班列运行线57条，国内开行城市达到35个，顺畅连接欧洲12个国家34个城市，运载的货物品类日益丰富，创造了地方合作的奇迹。地方领导人的政绩竞争及补贴模式，虽然一度造成回程空车现象，受到欧洲一些人的非议，但形成规模、系统效应后长远上极大推动了欧亚大陆的互联互通。

中国模式也可称为中国发展模式，核心是"有为政府+有效市场"，既发挥好"看不见的手"，又发挥好"看得见的手"的作用，创造和培育市场，最终让市场起决定性作用，给那些市场经济未充分发展起来的国家走工业化道路，提供了全新的选择，解决了市场失灵、市场失位、市场失真这些西方鼓吹的自由市场经济所解决不了甚至不想解决的难题，但是，中国既不输入也不输出发展模式。

（写作于 2017 年 8 月）

西方质疑"一带一路"的三维分析

当今世界，各种智库研究课题、国际论坛话题越来越时髦地列入"一带一路"主题，自觉不自觉谈及"一带一路"，谈论中国时必谈"一带一路"。这在一定程度上显示出外界对"中国崛起给世界提供什么"的好奇和重视，借"一带一路"话题浓缩对此的理解，但外界是否能够客观阐述和理解把握"一带一路"的本质和内涵却是另一回事。笔者曾先后赴40多个国家宣讲"一带一路"或参加"一带一路"相关论坛，不断遭遇来自西方或受西方影响的国家质疑："中国模式是否能适用于国外""'一带一路'是否能遵守开放、透明的国际规则""'一带一路'如何处理债务、环境、劳工问题""'一带一路'是否存在隐藏的战略目标（Hidden agenda）"等。

建设"一带一路"，必须争取西方国家支持，因为西方对国际市场、国际舆论环境有重要影响，甚至影响到"一带一路"国家的国内政局，必须认真对待西方质疑。针对这些质疑，可以分别从心理、利益、体系层面具体问题具体分析，有理有据地回应，为"一带一路"建设塑造良好的舆论环境。

一、西方国家在质疑"一带一路"什么？

西方国家对"一带一路"质疑，概括起来主要分为以下三个方面。

（一）对世界的质疑

近年来，欧洲金融危机和难民危机、日本经济低迷、美国实力相对衰落等话题不绝于耳，世界权力的天平似乎正远离西方国家。面对世界和自身实力在未来几十年的不确定性，作为对这种不确定性的转移，西方国家产生名目繁多的质疑："一带一路"会带来什么？是否会改变现有的国际秩序？给西方世界带来更大的不确定性？缺乏自信的西方国家，将世界的担忧、自身未来的担忧，转嫁到了中国，转嫁到了"一带一路"，反映了面对世界变化，西方知识、思想不够用，常感慨西方无法有此壮举，因而生妒、生气。一些有识之士客观、积极评价中国和"一带一路"，但在政治斗争、政治正确背景下，被这些质疑所冲淡。

（二）对中国的质疑

1. 意图质疑

对"一带一路"溯源，都会归根到国家意图的质疑。对于"一带一路"背后的国家意图，绝大多数西方国家都是从中国国家战略的角度来分析。一方面，部分国外政界与学界将"一带一路"简单当作中国国内政策的延续，即为解决国内问题而配套的外交战略，如转移过剩产能、倾销国内商品等；另一方面，也将其看作中国试图改变现有地区和国际秩序、获得地区和全球主导权的国家战略，即中国试图改写国际规则。党的十九大后,"一带一路"被写进最新修订的党章,更让西方民粹主义找到了转移视线、转嫁矛盾的靶子,典型的是班农在日本演讲宣称"一带一路"是中国称霸世界的大战略,将三大地缘政治理论:麦金德的陆权论、马汉的海权论及斯派克曼关于从海洋向内陆的沟通线理论运用到极致。①

2. 能力质疑

中国模式本身能否持续,在国外能否推广?国有企业是否会造成不公平竞争?中国国内经济降速,能否玩得转"一带一路"?人民币国际化降速的情况下,向中国国家开发银行、进出口银行增资的做法能否支撑"一带一路"建设?哈佛大学经济史学家查尔斯·金德尔伯格曾提出"金德尔伯格陷阱"理论,该理论认为,美国作为全球提供公共产品的主导国家,在自身衰落之际,新兴大国中国无法提供必要的全球公共产品,从而导致全球治理领导力真空。随着中国实力的增长和美国相对实力的下降,近年来以约瑟夫·奈为代表的美国学者重提"金德尔伯格陷阱",这实际上是对中国能力的质疑,认为中国在过去一直是属于"搭便车"的角色,如今要从国际公共产品的受益者转变为提供者,中国无法承担责任。

3. 结果质疑

"一带一路"倡议最终变成中国主导的国际机制?是否会造成中国"中心秩序"的形成?是否会恢复过去的朝贡体系?很多西方人抱有零和博弈的思维,认为就算"一带一路"出发点是好的,但如果最终的结果会让中国在地区和全球事务上影响力增大,那么就有必

---

① 2017 年 11 月 15 日,班农在第十二届族群青年领袖研习营演讲。

要进行反制。同时又有先验思维，认为中国在过去曾经在历史上奉行垂直权力结构的朝贡体系，曾经也通过怀柔手段来达到令周边小国对中国政治归顺的目的，那么在新时代中国也可能会通过另一种方式塑造相似的地区秩序，恢复过去的权威地位，成为地区最大的主导国家。这种结果主导型的思维导致了西方世界从一开始便不信任"一带一路"。

（三）对"一带一路"本身的质疑

1. 性质质疑

"一带一路"究竟是提供公共产品的国际合作倡议还是一个侧重国家利益和地缘政治的国家战略？早在2009年1月5日，《纽约时报》就称中国的"走出去"战略为"北京的马歇尔计划"，[1] 而"一带一路"提出之初，不少西方学者更将其与马歇尔计划相提并论，在国际社会造成了不小影响。事实上，"一带一路"虽与马歇尔计划在复兴地区经济、拉动海外投资、推动本国货币国际化等方面有类似之处，但其本质上有很大不同。[2]

2. 路径质疑

"一带一路"机制是否开放透明？规则导向还是发展导向？如何建设"一带一路"？中国国内就不遵守规则，如何在国际社会遵守规则？"共商共建共享"原则是不是有些言过其实？"一带一路"机制是否开放透明？规则导向还是发展导向？能否坚持公平竞争？是否只是有利于中国的政府采购？其他国家如何参与？从"一带一路"倡

---

[1] 《中国的马歇尔计划》，《纽约时报》2009年1月5日。

[2] 王义桅：《"一带一路"：机遇与挑战》，人民出版社2015年版，第27页。

议提出之初，日本便无心参与"一带一路"。但随着"一带一路"的顺利展开，日本政府对"一带一路"的态度开始从原先的拒绝参与和抵制到表示可以有限参与。2017 年 7 月，日本首相安倍晋三首次提出对"一带一路"建设的合作态度，即"一带一路"建设应在开放、透明、公正、考虑项目经济性的同时，不影响借债国的偿还能力和财政健全性；11 月，日本外相河野太郎在神奈川县平冢市的演讲中提及中国"一带一路"对于世界价值的可能性，围绕中国在国外的基础设施建设问题，认为"如果是以开放、各方都能参与的形式出现，这对世界经济是有好处的"①。加上"开放包容的形式"，言外之意也是对中国"一带一路"机制的开放性、透明性和公平性有所质疑的表现。

3. 方式质疑

这一类质疑主要表现在"一带一路"的融资方面。"一带一路"会如何融资？如何协调不同融资渠道的关系，打造国际融资机制？另外，能否坚持高标准，如环境标准、劳工标准？与现有机制什么关系？欧盟国家在这一方面的质疑比较多，由于欧盟本身在投资和贸易方面设立了较高的标准和规则，因此一些欧洲学者担心"一带一路"倡议为增加融资会降低现有的国际标准，造成经济和投资方面的风险，同时造成恶性竞争，对欧盟及其成员国在国外投资、贸易和技术方面输出造成危害。

---

① 日本产经新闻网："「中国の一带一路、世界経済に非常にメリットも」河野太郎外相「オープンな形でやれば…」"，2017 年 11 月 18 日，http：//www. sankei. com/politics/news/171118/plt1711180012 - n1. html，上网时间：2017 年 12 月 4 日。

4. 效应质疑

"一带一路"是中国的地缘政治战略？如何处理地区领土争端？是否会导致歧视性安排？受到传统地缘政治理论影响，当代西方国家在解读"一带一路"效应时，是会从崛起大国的地缘政治战略出发，认为中国试图追求地区霸权和地区主导权。例如德国媒体对"一带一路"负面报道居多，要么将其描绘成地缘政治威胁，要么认为其过于雄心勃勃而终将失败。① 美国战略与国际问题研究中心（CSIS）的葛来仪就认为，"海上丝绸之路"是中国改变南海现状战略的重要组成部分，是一种经济外交手段，将东南亚邻国更紧密地维系在自己身边，以加强谈判筹码。"海上丝绸之路"以经济利诱的方式，促使周边国家接受中国的利益诉求。②

5. 有效性质疑

"一带一路"面临各种经济风险和安全风险，如何进行事先评估？是否会给当地制造债务危机或给中国国内制造债务危机?③ 如何应对伊斯兰恐怖主义威胁？能否做到可持续发展？"一带一路"覆盖地区广泛，政治和安全环境复杂，因此也不可避免会存在着各类安全风险。不仅多数国外学者有这个质疑，国内学界也存在风险上的顾虑。

---

① 中华人民共和国商务部网站：《欧洲仍对"一带一路"将信将疑》，2017年1月3日，http：//www. mofcom. gov. cn/article/i/jyjl/m/201701/20170102495159. shtml，上网时间：2017年12月5日。

② ［美］科林·弗林特、张晓通：《"一带一路"与地缘政治理论创新》，载《外交评论》2016年第3期。

③ 《华尔街日报》曾报道：在习近平提出"一带一路"倡议四年后，中国面临着国内经济增速放缓、债务膨胀和资本外流等经济问题，资金短缺制约着这一宏大计划；所在国债务危机的报道，如：China may put South Asia on road to debt trap，http：//mp. weixin. qq. com/s/awXnQDHAx3vWTNaizA-_ SQ。

二、西方质疑"一带一路"的三维分析：心理、利益、体系

总体来看，西方国家对中国"一带一路"倡议持较为谨慎的态度，特别是美国、日本等国抱有一定的防范和抵触心理，还有一定偏见和误读，但西方也并非铁板一块，正如在亚投行问题上所展示的巨大分歧，也有不少国家对"一带一路"持较为积极的欢迎态度，但在"一带一路"的具体对接和操作层面怀有疑虑。

（一）心理层面：无知与偏见

1. 守旧的思维方式

首先，西方社会对"一带一路"并不十分了解，在缺乏历史参照系的情况下，就容易选择一个西方参照系并形成刻板印象，拿罗马尼亚前总理蓬塔、拉脱维亚拉中友好协会主席波塔普金的话来说就是，"欧洲要睁眼看世界了，历史上从未见过如此宏大合作倡议，超过我们欧洲人的想象力。"① 在提出之初，西方就用"马歇尔计划"来类比"一带一路"，于是产生傲慢与偏见，摆出一副法官姿态质问"一带一路"，拷问中国。其次，受冷战思维和零和博弈思维的影响，在分析问题时多从地缘政治角度出发，形成偏见。西方国家的主流政界、学界和媒体在主观上将中国当成战略竞争对手。最后，西方主观臆断太多，难以用辩证和发展的观点看问题。这个问题主要表现在三个方面，一是见微知著、以小见大，缺乏长远眼光，见风就是雨。例如，西方学者经常会问中国在巴基斯坦的达苏水电站项目搁置问题是

① 中欧政党高层论坛，2016 年 5 月 19 日，北京。

怎么回事？会不会是中方在当地征地引发矛盾或环境问题？其实，达苏水电站项目是巴基斯坦难度最大的水电站项目，2016 年因相关争议未得到解决导致项目进展缓慢，延期超过 10 个月，但随着问题的妥善解决，目前水电站主体工程建设协议已获得正式签署。二是以古观今，思维定式。例如，西方提出中国"一带一路"中的项目是否会再现中国与委内瑞拉间债务危机？不少国外媒体认为委内瑞拉国家破产，经济面临很大困难，中国"一带一路"中的投资如果不评级风险、设立标准，是否会给投资方造成巨大的经济损失。

2. 矛盾心态

既想了解，又不愿理解。既想合作，又担心中国做大。面对"一带一路"倡议，美国、德国以及其他发达国家心态纠结。一方面，他们希望抓住这个战略机遇和商机以加快自身发展；另一方面，又担心倡议可能造成中国过于强大和改变国际地缘政治格局。例如，日本此前就对丝绸之路十分感兴趣，早在 1997 年就曾提出"丝绸之路外交"，但中国提出"一带一路"后，便采取警惕、质疑和观望态度，其原因也归结于这种矛盾心态。日本在过去一个世纪中，国力都超过中国，而现在面对不断强大的中国，这种心理失衡需要一个比较长时间的调整和适应的过程。又如一些欧盟国家，担心"一带一路"倡议只关注沿线国或者欠发达国家，担心中国制定规则，分化欧洲。

3. 以己度人心理

其实，中国并非是提出新时代丝绸之路的唯一国家，在"一带一路"倡议提出之前，不同国家都提出过类似的丝绸之路复兴计划，但均无法作出重要成果。美国学者弗雷德里克·斯塔尔早在 2005 年就提出过"新丝绸之路"构想，而奥巴马政府在 2011 年提出"新丝绸之路计划"。1997 年，时任日本首相桥本龙太郎在日本企业家协会发表演讲，首次提出面对中亚和高加索国家的"丝绸之路外交"，作为其"欧亚外交"的一部分，① 2004 年日本延续"丝绸之路外交"，正式启动"中亚+日本"合作倡议，并把该地区摆在日本新外交战略的重要地位。但无论是美国"新丝绸之路计划"还是日本"丝绸之路外交"都早已失去生命力。从心态上来看，西方人当然会出现质疑：美国、日本等西方国家做不到的事，中国可能做到吗？

（二）利益层面：利益驱使，趋势担忧

目前，西方战略界普遍认为"一带一路"倡议会威胁到西方传统利益和势力范围，包括美国、欧盟、日本在内，甚至俄罗斯都产生中国动其奶酪的抱怨。例如，相当一部分美国学者认为中国的"一带一路"会对美国在亚太地区的主导地位构成挑战，"一带一路"作为应对奥巴马政府"亚太再平衡"的战略，与美国的国家战略必定相背而行，如果中国让其他国家相信中国塑造的体系比美国的更强，中国就可以要求它们更多，包括要求其限制或拒绝美国进入海港。② 除此之外，欧盟对"一带一路"倡议存在疑虑，并对中国与中东欧国家之间的"16+1"合作方式特别敏感，主要原因就在于该倡议加强了中方与欧盟成员国，特别是中东欧国家的双边关系。欧盟一直将中东欧看作自己的利益范围，中国在该地区影响的增加会相对减弱欧

① Christopher Len, Uyama Tomohiko, and Hirose Tetsuya, eds, *Japan's Silk Road Diplomacy: Paving the Road Ahead*, Central Asia-Caucasus Institute & Silk Road Studies Program, *2008*, p. 18.

② Wendell Minnick, "China's 'One-Belt, one Road' strategy", April 11, 2015, https://www. defensenews. com/home/2015/04/11/china - s - one - belt - one - road-strategy/, 上网时间：2017 年 12 月 5 日。

盟对该地区的影响力，削弱欧盟现有的治理能力，容易使已经出现裂痕的欧盟一体化出现进一步分化的风险。

（三）体系层面：立场决定态度

第二次世界大战结束以来，以美国为首的西方国家一直是战后国际秩序的创建者和维护者，毋庸置疑的是，现有国际秩序也一定是有利于维护创建者利益的。西方国家认为"一带一路"倡议是中国与西方国家争夺国际规则制定权的表现，如果成功将改变现有国际秩序，导致西方影响力下降。在国际金融和货币体系方面，国际货币基金组织、世界银行、世界贸易组织的主导权一直由美国牢牢把握，亚洲开发银行也由美国和日本主导，但亚洲基础设施投资银行的建立让别的国家有了另一种选择，对美国长期主导的国际金融体系造成冲击。美国学者重提"金德尔伯格陷阱"，其中一部分原因在于想将在全球治理上缺乏足够经验的中国排除在全球公共产品提供者之外。

三、如何应对西方对"一带一路"的质疑

总体印象：发展中国家关心给它们带来什么好处，发达国家关心给它们可能带来什么坏处。凡是信任中国、喜欢中国的，就信任"一带一路"、喜欢"一带一路"；反之，凡是对中国有担心的就担心"一带一路"，不信任中国的就不信任"一带一路"。当今世界，对待"一带一路"的态度集中检验西方的中国观、世界观，自身观。凡是能客观看待世界变化，理性认识自身的，就能较客观、公正地看待中国，看待"一带一路"，否则相反。西方对"一带一路"的质疑既呈现无知与偏见，也有利益驱使、趋势担忧，反映西方不习惯、不甘心

中国领导世界，不认可、不看好中国发展模式及其国际推广。我们也必须认识到，西方的质疑也影响到甚至代表西化世界对中国和"一带一路"的态度，这些国家的二元性非常明显：经济基础是发展中国家，而意识形态、思维方式是西方国家的那套。对"一带一路"的认识，检验了中外认知差异，反映了中西方关系迎来五百年来未有之变局；同时也折射了中西方认识论的差异：西方多从技术层面、自身经验看问题，以看油画心理看"一带一路"，与"一带一路"的大写意、山水画构想相去甚远。

（一）注重名与实

关于"一带一路"的定位问题，部分国内学者认为将其称为"倡议"难以取信于国际社会，是一种不承认事实和不自信的表现，笔者认为不然。确实，"一带一路"对国内来说是一项重大的发展战略，主要在于促进各地资源自由流动和进一步开展对外开放。而对国外来说，"一带一路"更是一种国际合作倡议，旨在促进区域经济合作与发展。"倡议"一词更突出"一带一路"是一个开放包容的机制，而并非中国一国主导制或是封闭排外的"俱乐部"制，这样就确保了各国参与的自由度和平等性。因此，"倡议"抑或"战略"两者间并不存在矛盾和对立，我们也并不否认"一带一路"作为国家战略一部分所存在的价值，而是在对外宣传和解释"一带一路"的时候，要根据对象进行区分，对他国和他国人民来说，"一带一路"不能是一国主导的国家战略，这样其他国家怎么愿意参加到别国的国家战略中呢？参与各方不是领导与被领导的关系，而是秉持"共商共建共享"原则、欢迎各方一起参与建设的国际合作倡议，这样有利于更好地获得各方认同，进而消除疑虑。除此以外，在对外宣传时，我们经常表述为"欢迎参与'一带一路'建设"的"参与"就有中国主导的意味，建议可更改为"欢迎合作建设'一带一路'"，既是鼓励与中国合作，又是鼓励相互合作、多边合作。要避免"中国的'一带一路'"说法，强调"我们"而非"我"。改革开放实践表明，中国的成功学习了发达国家，如日本 ODA、新加坡工业园做法，甚至"丝绸之路"是德国人的提法，"一带一路"折射了西方的成功，并将促进中国与西方的进一步互利共赢。

（二）统筹好各种关系

建设"一带一路"要内外统筹、政企统筹、陆海统筹。相应地，"一带一路"的内涵十分丰富，涉及国家众多，在回应西方对"一带一路"的质疑时，必须根据不同对象具体问题具体分析，在外交上统筹好以下几大关系。

一是统筹"一带一路"与大国关系。处理好与世界主要大国的关系，对于消除疑虑、增进理解、获得国际社会对"一带一路"的认可和提升"一带一路"影响力有重要作用。首先，美国方面。美国是在处理国家关系时永远绕不过去的最重要的行为体，美国政府虽然很难宣布支持"一带一路"，但美国企业、资金、技术、标准、人才大量参与"一带一路"项目。美国是世界所有国家的邻国，在欧亚大陆乃至全球依然拥有深刻而广泛的影响力，"一带一路"无法绕开美国，争取美国对"一带一路"的认可甚至支持显得十分必要。具体来说，可通过增加磋商机制来提升美国对"一带一路"的认知和理解，增进政治互信，同时深挖共同利益，争取在双边合作、共同开发第三方市场、多边经济合作等领域实现突破。其次，俄罗斯方面。俄罗斯是最大的跨欧亚国家，是中国全面战略伙伴，也是"一带一路"

建设的重要沿线国家，俄罗斯的支持与参与对实现欧亚大陆互联互通具有关键作用。俄罗斯对"一带一路"倡议的担心主要来源于穿过中亚的"丝绸之路经济带"会后来居上，主导地区秩序，从而消解俄罗斯和其主导的欧亚经济联盟在该地区的影响力。面对这些担心，中国应更强调与欧亚经济联盟在技术上、理念上和战略上可以实现对接，并适当参与到欧亚经济联盟中，在利益上实现共赢。再次，日本方面。日本既是中国的邻国，同时也是重要的地区大国，虽然日本一直对"一带一路"持怀疑态度，但随着"一带一路"的顺利推进和促进国内经济发展的需要，日本开始转变对"一带一路"的态度，特别是第四任安倍政府多次提出寻求与中国在"一带一路"中合作的方式。2017 年 12 月 4 日，安倍晋三在中日两国经济界会议上表示"与习近平主席和李克强总理就中日在第三国合作上的展开达成一致"，认为"为满足亚洲各国旺盛的基础设施需求，中日之间需要进行合作。在确保公正、透明的基础上，'一带一路'在这方面能够发挥作用"。① 日本政府寻求将"一带一路"与印太战略进行对接，试图影响"一带一路"，反映出中日在经济上、地缘政治上的竞争态势仍将持续相当长时期，但中日之间经济之间的竞争并非"零和博弈"。如何转变认知、减少矛盾，找到两国利益的最大公约数，通过双边和多边合作等方式共同参与"一带一路"倡议，将对中日关系发展、地区和全球发展具有重要意义。最后，西欧国家方面。与其他西方国家质疑观望态度不同

---

① 日本产经新闻网："日中 CEO サミットが开幕 5 日まで「一带一路」への协力など议论　安倍晋三首相も来宾で登场"，2017 年 12 月 4 日，http://www. sankei. com/politics/news/171204/plt1712040036 - n1. html，上网时间：2017 年 12 月 5 日。

的是，西欧国家作为实现欧亚大陆互联互通的重要主体，早在 2014 年习近平主席访问欧盟时发布的中欧联合声明中，欧盟对"一带一路"已做出肯定和积极回应，表示"要发展欧盟政策与中国'丝绸之路经济带'的协同效应"。① 今后，中欧双方应积极实现"一带一路"倡议和欧盟"容克计划"对接，搭好中欧互联互通合作平台，促进在交通、能源、数字经济等领域的合作，为亚欧互联互通创造条件。

二是统筹"一带一路"与周边国家关系。周边国家受西方影响大，兼之历史上遗留的领土争端、情感纠缠，对"一带一路"态度正如对中国崛起态度一样，仍然很矛盾。周边国家大都自尊、敏感，任何一点大国沙文主义都令其反感、抗拒。在周边推进"一带一路"倡议确实需要考虑它们的心态和舒适度，拿捏好分寸，控制好节奏，否则可能会欲速则不达。尤其是，必须充分考虑到周边国家的二元性——沿线国家经济基础是发展中国家，上层建筑往往搞发达国家那套；复杂性——有些甚至现代国家还未建起来，地方部落影响可能超过地方政府；矛盾性——地理近，心理远，比如传统上是"中泰一家亲"，现实上泰国是美国的非北约盟国。一句话，要照顾周边国家的感受，不仅结果上而且过程上都要做到合情合理，这是"一带一路"在周边国家落地生根的巨大挑战。

三是统筹"一带一路"沿线国家与其他国家的关系。目前，对于中国来说，65 个沿线国家在"一带一路"的地理位置、合作水平

① European Commission，Joint Statement：Deepening the EU-China Comprehensive Strategic Partnership for mutual benefit，Brussels，31 March 2014，http：//europa. eu/rapid/press-release_ STATEMENT-14-89_ en. htm，上网时间：2017 年 12 月 5 日。

上相对重要，但作为一个开放包容的合作机制，任何国家都可以通过双边或多边合作参与"一带一路"。因此我们应淡化沿线国家的概念，强调开放包容，与所有国家以不同形式参与"一带一路"建设。否则，西方国家又会指责中国通过"一带一路"建设搞势力范围，推行地缘政治战略。

（三）实现与联合国对接

目前，随着特朗普政府提出"美国优先"政策，从美国退出巴黎气候变化协定、拒绝缴纳联合国教科文组织会费等行为可以看出，美国不愿意承担更多国际责任，表现出一定的回归孤立主义、本土主义的倾向。而此时中国正在进一步参与全球治理，但作为一个后进者，中国在全球治理中的经验并不是特别丰富，而此时与联合国全球治理事务实现对接，能够有效提升中国在全球治理中合法性和影响力，为实现开放、包容、共享、绿色四大理念提供最为有效的途径。"一带一路"国际合作高峰论坛的联合声明中也突出强调了联合国 2030 年可持续发展议程为国际发展合作描绘了新蓝图，今后中国需将"一带一路"建设国际合作同落实联合国 2030 年可持续发展议程对接，高举气候变化、和平合作大旗，践行新发展理念，为世界多边主义、自由贸易以及全球化进程公平有序推进以及维和行动等提供重要支柱。

（四）知行合一，讲好"一带一路"故事

习近平主席曾在十九届中共中央政治局常委同中外记者见面会上提到，"我们不需要更多的溢美之词，我们一贯欢迎客观的介绍和有益的建议，正所谓'不要人夸颜色好，只留清气满乾坤'"。

上述种种质疑，甚至在许多发展中国家也存在，因其二元性——经济基础是发展中国家水平，意识形态却是西方那套，甚至与中国国内言论一唱一和，需要认真对待、有效回应。比如，债务危机问题，可强调鸡会生蛋的，不要老盯着鸡何时可以卖掉还债：改革开放初，中国举世行、亚行债，西方担心债务危机，经济起飞后根本没发生。不要狭隘地看债务，经济有正外部性，"一带一路"是搞产业链，不是简单地搞基建。就拿中国的高铁发展为例：每公里2亿元投入，2万公里共计4万亿元投入，债务为何未到天花板，反而助推中国经济实现快速发展和国内经济一体化？

面对各式各样的问题，笔者坚信，形势比人强，我们要本着共商共建共享原则，全心全意为人民服务，同时要讲好"一带一路"故事，阐释好"一带一路"背后的人类命运共同体理念，耐心、细致地做好"五通"工作。一方面，"一带一路"并没有对现有国际秩序造成冲击，反而是现有国际秩序的有力补充，使国际秩序向着更加公正合理方向变革，而"一带一路"在实现开放包容、遵守国际规则和标准方面的努力毋庸置疑。以亚洲基础设施投资银行为例，目前亚投行的主要结算货币是美元，并始终坚持"高效、清洁、绿色"的高标准，正如20世纪60年代成立的亚行不会对世界银行造成冲击一样，亚投行也不会对现有金融体系造成冲击。当然，在发展中国家的一些项目无法实现西方的高标准亦属正常，发展中国家的现实经济情况令它们无法达到发达国家规定的高标准，但中国通过开发性金融、工业园区建设等在当地创造、培育市场，最终帮助它们在国际市场融资并按照国际规则行事，解决了西方国家解决不了或不愿解决的"鸡生蛋还是蛋生鸡"的问题，即"先投资还是先达到国际标准"的问题，先给"一带一路"发展中国家提供发展的"第一桶金"，再进一步达到国际标准与西方发达国家合作。另一方面，目前"一带一路"的成果初显且获得沿线国家的支持。在斯里兰卡，"21 世纪海上丝绸之路"框架下的科伦坡港口城、汉班托塔市的港口项目建设，有助于提升斯里兰卡在印度洋海域的经济和交通枢纽功能，同时带动了其他国家对斯里兰卡的投资。在巴基斯坦，电力基础设施的缺乏使卡拉奇每年因缺电导致一千人中暑而死，而中国通过和平合作的方式解决产能走出去问题，进行中的中巴经济走廊的建设能够让巴基斯坦在 2020 年实现能源独立，不再饱受缺电困扰，不仅促进民生更有利于生产发展。在非洲，中国除了"三网一化"和分享"要致富先修路"的现代化经验，还大力推进民生工程，切实提升非洲人权。当然，在"一带一路"对外推进过程中，其他国家对"一带一路"存有质疑是很正常的现象，因为这不仅是西方国家的质疑，也是沿线发展中国家的困惑，甚至国内学界都存在争议。中国与西方国家在"一带一路"上的合作潜力很大，中国应用能力强，而西方国家在资金、技术乃至国际体系、全球治理经验能力上有优势，完全可以通过双边和多边合作开发第三方市场并带动地区协同发展。

打铁必须自身硬，建设"一带一路"必须从自身做起，做到知行合一。"共商共建共享"原则不是口号，不能停留在原则层面，而是在各环节始终坚持。很多欧洲人质疑"一带一路"的原因是希望中方能够提出具体的方案，如果"一带一路"倡议一直停留在口头宣传上，缺乏系统理论与样板，当然无法以理服人。针对各种各样质疑，无论是合情合理地质疑还是无理取闹，均需坚定信念，毕竟形势比人强，"一带一路"是伟大事业，需要伟大的实践。

（写作于 2018 年 2 月）

错失"一带一路"，西方将来定会后悔

与中国春节的喜庆气氛相悖，西方似乎对"一带一路"来了一波联手反制：先是德国外长加布里尔在第 54 届慕尼黑安全会议上宣称中国利用"一带一路"的投资宣扬与西方不同的价值观体系，抨击"一带一路"不利于民主自由。同在慕安会上的法国总理菲利普对他表示支持，并称欧洲"不能把新丝绸之路的规则交由中国制定"。最近又传出来，美澳日印四国要联手推出一项联合地区基础设施计划，以取代"一带一路"。究竟受了什么刺激，西方如此对待"一带一路"呢？

弥补西式全球化和发展模式不足

西方对"一带一路"的疑虑，背后是对中国发展模式的不理解、不认可，不能放弃自以为是的普世价值观。中国模式是问题导向与目标导向的结合，核心是"有为政府＋有效市场"，但最终让市场起决定性作用。这给那些市场经济未充分发展起来的国家走工业化道路，提供了全新选择，解决了市场失灵、失位、失真这些西方鼓吹的自由市场经济解决不了甚至不想解决的难题。

西方近年对自身发展模式本来就已不再自信，面对中国发展模式的竞争更显焦虑，进而迁怒于"一带一路"。"一带一路"国际合作高峰论坛闭幕联合公报贸易部分遭欧洲几个国家抵制而推迟发表并不得不改动，预示着中欧两种全球化之争：中国主张的发展导向全球化对欧洲主张的基于规则的全球化。

西方主流声音认为中国是全球化最大受益者，中国现在捍卫的WTO准则跟2001年中国加入WTO时已不一样。欧洲人倾向于出台更多规则，即"WTO+框架"。美国总统特朗普干脆对多边规则就不感兴趣，要重新谈判规则。西欧认为风险在于"被夹在拒绝多边主义的美国和倾向于维持现状的中国之间"，担心中国通过"16+1"机制与中东欧国家达成基础设施协议，可能违反欧洲采购原则，因此要推动中国加入WTO政府采购双多边协议，要对中国企业投资欧洲设限，防止后者通过并购"窃取"欧洲核心技术，甚至威胁要对中国企业征税。它们的共同点就是认为片面强调自由贸易已经不合时宜，还要强调公平贸易。因此，尽管中国一再强调"一带一路"遵循国际规则，西方仍有一些人不买账。谁的规则，老规则还是新规则？这是国际规则之争。背后折射的不只是全球化的权益分配问题，同时事关国际竞争力和未来主导权之争，这些都集中在发展模式较量上。

其实，从来就没有纯粹的中国模式。正如马克思主义是从西方学来的一样，中国模式是学习、借鉴但又实现本土化、超越西方模式的结果，既折射了西方的成功，又努力规避着它的局限。如果西方做得那么好，真有普世价值，哪还有中国什么机会呢？以"一带一路"为代表的中国发展理念与模式，正在弥补西式全球化和西方发展模式的不足。作为老师，西方应感欣慰才对！

刺激西方投资证明"一带一路"正确

对"一带一路"的质疑，正反映了西方社会不认可、不看好中国发展模式及其国际推广。将"一带一路"看作中国试图改变现有地区和国际秩序、获得地区和全球主导权的国家战略，即中国试图改写国际规则，完全是将自身国际影响力的下滑迁怒于中国。中国崛起及"一带一路"的高歌猛进，让西方民粹主义找到了转移视线、转嫁矛盾的靶子。指责中国，从"一带一路"开始。

与西方态度形成鲜明反差的是，广大发展中国家和非核心西方国家普遍欢迎"一带一路"，希望搭上中国发展的快车、便车。在此过程中，中方从来没有也不会寻求建立一国主导的规则。如果说"一带一路"改变了什么，就是推动全球化朝着开放、包容、均衡、普惠、可持续的方向发展。"一带一路"着眼于欧亚地区的互联互通，着眼于陆海联通，是对传统新自由主义主导的全球化的扬弃。"一带一路"让沿线国家的老百姓有更多的参与感、获得感和幸福感，可以说是老百姓版本的全球化，是更开放、包容的全球化，这与通过跨国公司或少数利益集团把整个世界变成投资场所的全球化有着本质不同。这大概是让西方有些人不安的原因吧。

当然，西方反对"一带一路"者并非我们的敌人，"一带一路"建设是举中国方案，践大道之行，需要争取西方发达国家参与。西方希望参与制定相关规则，确保中国遵守西方在全球投资、贸易、基础设施建设等领域设定的人权、劳工、环保等标准，进而从内部影响"一带一路"规则制定和标准选择，因此，"一带一路"从概念股到绩优股、众筹股转换之后可以平缓低调操作，但造势阶段无法不高调，惹西方反弹也属正常。

再者说，刺激西方投资基础设施建设，本身就证明"一带一路"在引领国际合作新方向。对于美澳日印搞基建或投资非洲、中东欧，我们不仅不反对反而欢迎，欢迎它们共同造势，引领全球化从新自由主义主导向基础设施与民生推动的发展导向转变。西方从规则导向的全球化转向发展导向的全球化，本身就证明"一带一路"的正确。

西方不能再犯错了

西方发达国家对"一带一路"的质疑声，比如债务问题、标准问题、地缘政治、透明度、公开采购等，集中反映了它们对中国发展模式的方式、成效的质疑。只有当它们最终认识到中国模式具有普适性时，这些质疑才可能消失，但这个过程并不容易，因为它意味着对发达国家所标榜的普世价值的致命冲击。

即便如此，"一带一路"倡议要以文明交流超越文明隔阂、以文明互鉴超越文明冲突、以文明共存超越文明优越，进而推动各国相互理解、尊重、信任，这是一个不争的事实。数年前，欧洲著名人文学者艾科去世前曾感慨：欧洲错过18世纪"中国热"时建立与中国平等伙伴关系的历史机遇，再也不能犯错了。现在的西方就面临这样的选择，它不应错失"一带一路"这个东西大同、南北互鉴的历史机遇，这很可能是最后的机遇了。

（写作于2018年2月）

如何看"一带一路"建设的国际规则之争

    "一带一路"建设是否开放透明？是规则导向还是发展导向？这成为"一带一路"的西方典型之问。

    日本近来表现出对参与"一带一路"项目的开放态度，但强调前提是其符合国际标准，公开透明；2018年1月底来华访问的英国首相特里萨·梅也是拿国际规则说事儿，未能与中国签署共建"一带一路"政府间合作文件；美中经济与安全评估委员会2018年1月25日举行"中国的'一带一路'倡议：五年之后"听证会，建议美国加强对"一带一路"区域基础设施的标准和规则投资，包括政府采购、环境与社会安全、债务可偿还率等，倡导基础设施建设的结果和进程的质量导向。

    "一带一路"建设必须争取西方发达国家参与，而西方参与也是希望参与制定相关规则，确保中国遵守西方在全球投资、贸易、基础设施建设等领域设定的人权、劳工、环保等各项标准，从内部影响"一带一路"相关规则制定、适用标准选择，将来在重大项目决策方面可能与中国产生矛盾和摩擦，竞争博弈难以避免。因此，必须讲清楚中西方围绕"一带一路"建设的国际规则之争为何发生，到底在争什么？

一

"一带一路"建设强调企业为主体、政府服务、市场原则、国际标准和共商、共建、共享原则。中国不会也没必要另起炉灶，推翻西方规则，原因有三：

其一，中国文化如太极所显示的，强调借力而不是对抗。这不，发展中国家不断表示，愿与中国就"一带一路"倡议开展对接。一方面体现两国领导人改善对华关系的意愿，另一方面也证明"一带一路"倡议正受到国际社会更广泛的认同。这与西方态度形成了强烈反差。

其二，中国做法是实事求是。西方一些人认为，中国试图通过"一带一路"倡议建立自己的规则和准则。这是典型的以己度人，有些以小人之心度君子之腹。"一带一路"倡导共商、共建、共享的原则，哪来中国建立自己的规则？以亚洲基础设施投资银行为例，目前亚投行的主要结算货币是美元，并始终坚持"lean，green，clean"的高标准，正如 20 世纪 60 年代成立的亚行不会对世界银行造成冲击一样，亚投行也不会对现有金融体系造成冲击。

其三，历史教训。远的苏联另起炉灶挑战美国最终失败不说，就是最近的互联网发展也是鲜活的教训。3G 时代我们自搞一套标准，叫 TD-SCDMA（时分同步码分多址），与世界各国不兼容是一个孤岛技术。国家花了不知道多少钱号称有自主知识产权但仍然要向高通交专利费。4G 时代，我们叫 TD-LTE（分时长期演进），给人一个印象是 TD-SCDMA 的后续演进技术，实际上并不能对 TD-SCDMA 后向兼

容,仍然要向高通交专利费,但有了面子可以下台阶了。5G 时代我
们放弃了另搞一套标准的做法完全在国际标准体系下,按国际规则来
赢得话语权。华为在 5G 标准上的成功证明了我们是可以在国际标准
组织中扩大我们的影响,这是一条正确的道路。

西方对"一带一路"有各种各样的质疑,反映西方不习惯、不
甘心中国领导世界,不认可、不看好中国发展模式及其国际推广。将
"一带一路"看作中国试图改变现有地区和国际秩序、获得地区和全
球主导权的国家战略,即中国试图改写国际规则,完全是将对自身国
际影响力下滑迁怒于中国,迁怒于"一带一路"。中国崛起及"一带
一路"的高歌猛进,让西方民粹主义找到了转移视线、转嫁矛盾的
靶子,于是指责中国,从"一带一路"开始。

"一带一路"倡议提出以来,中国通过平等协商,已经同 86 个
国家和组织签署 101 个合作协议,同 30 多个国家开展了机制化产能
合作,在沿线 24 个国家推进建设 75 个境外经贸合作区,中国企业对
沿线国家投资累计超过 500 亿美元,创造近 20 万个就业岗位。这些
数据充分证明,"一带一路"倡议的本质是互利共赢的,得到了沿线
国家和国际社会的广泛支持和欢迎。这里面,哪一个是中国强加于人
的?!中方从来没有也不会寻求建立一国主导的规则。"一带一路"
倡议不是要搞什么"小圈子",也不针对任何国家,而是开放、包
容的。

如果"一带一路"改变了什么,就是推动全球化朝向开放、包
容、均衡、普惠、可持续方向发展。"一带一路"着眼于欧亚地区的
互联互通,着眼于陆海联通,是对传统新自由主义主导的全球化的扬
弃。通过"一带一路"建设,中国将开展更大范围、更高水平、更

深层次的区域合作,共同打造开放、包容、均衡、普惠的区域合作架构。同时,"一带一路"打造"绿色丝绸之路""健康丝绸之路""智力丝绸之路""和平丝绸之路",让老百姓在其中有更多的参与感、获得感和幸福感,可以说"一带一路"倡议是老百姓版本的全球化,是"南方国家"的全球化,这与跨国公司或少数利益集团把世界变成投资场所的全球化有本质的不同。这大概是让西方不安的原因吧。

二

"一带一路"的国际规则中西之争,反映的是宗教文明与世俗文明的分歧。宗教文明强调教义,演绎为规则,规则是人与神的契约,不可轻易改动;世俗文明强调实事求是,认为规则是人定的。这演绎为中西方"一带一路"规则之争,不仅是谁的规则之争,对规则本身理解就不一样,中西方围绕"一带一路"的规则、标准之争,超越利益范畴,反映两种全球化之争,核心是发展模式较量。

中国文化自古是取经文化,不是送经文化,不会输出中国模式。正如习近平总书记在中国共产党与世界政党高层对话会主旨演讲中指出的,中国愿同世界各国分享发展经验,但不会干涉他国内政,不"输入"外国模式,也不"输出"中国模式,不会要求别国"复制"中国的做法。

但是西方就是不相信,背后是对中国模式不理解、不认可,不能放弃自以为是的普世价值观。最近的中国"锐实力"说,就是典型例子——不承认中国的软实力,自以为是,不能做到实事求是。

三

"一带一路"在新时期推行开放、包容、均衡、普惠、可持续的全球化，倡导将分裂的世界、分割的市场互联互通起来，形成平等、横向的合作架构，解决跨国公司全球分工所推行的发展中国家向发达国家单向度开放，或主要是发达国家间联系的全球化所产生的不公正、不均衡发展问题；倡导战略对接，将发达国家、发展中国家、新兴国家最广泛连接在一起，真正实现东西、南北、中外、古今的大融通。

这种理想遭遇现实困境严峻挑战："一带一路"之六大经济走廊沿线 65 国中，有 8 个最不发达国家，16 个非 WTO 成员国，24 个人类发展指数低于世界平均水平的国家，如何能"一刀切"实行欧洲倡导的高标准市场原则？

中国主张，发展是解决所有难题的总钥匙；规则当然重要，但要不断成熟、循序渐进形成。中国改革所探索出的政府—市场双轮驱动经济发展模式正在补齐"一带一路"沿线国家发展短板，带来基础设施建设的第一桶金，通过养鸡取蛋而非杀鸡取卵，增强自主发展能力，同时培育了新的市场。中国改革开放探索出一条工业走廊、经济走廊、经济发展带模式，先在沿海地区试点，继而在内陆港口城市和内陆地区试点推广，形成经济增长极、城市群，带动整个中国的改革开放。现在，"一带一路"要让非洲市场以点带线、以线带片，从基础设施（港区铁路贸五位一体）互联互通着手，帮助非洲获得内生式发展动力，形成经济发展带，实现工业化和农业现代化，共同脱贫致富。

　　然而，西方近年对自身发展模式不再自信，面对中国发展模式的竞争，颇为焦虑，迁怒于"一带一路"。欧洲人对"一带一路"的心态变化，曾经的抵触源于利益与标准之争。"一带一路"国际合作高峰论坛闭幕联合声明贸易部分遭欧洲抵制而推迟发表并不得不改动，就已经预示着中欧两种全球化之争：中国主张的发展导向全球化 vs 欧洲主张的基于规则的全球化。

　　当然，认知方式差异也是个问题。欧洲对"一带一路"的担心，部分是因为文化差异的原因造成的，这是中欧双方的问题。中国人的做事方式，是比较随机应变、有机和灵活，较少机械式和决定论式，事情的结果往往是各种因素和力量汇聚之后的产物。而欧洲人尤其是德国人比较"一根筋"，会先明确界定目标，接着设定实现这一目标的计划，必要地动员资源，然后朝向目标前进，其运作的背后都有一套渴望实现的目标作为驱动的力量，以及能够看到、获得的实打实的利益。在他们这种"一根筋"之下，确实是比较难理解"一带一路"的内涵，甚至是出现了误解。

　　更重要的是，西方认为中国是全球化的最大得益者，中国现在捍卫的 WTO 准则跟 2001 年中国加入 WTO 时已经不一样了。欧洲人倾向于出台更多规则，即"WTO+框架"。美国特朗普总统干脆对多边规则就不感兴趣，认为美国吃亏了，要重新谈判规则。欧洲认为风险在于"被夹在拒绝多边主义的美国和倾向于维持现状的中国之间"，担心中国通过"16+1"合作与中东欧国家达成基础设施协议，可能违反欧洲的采购原则，因此欧盟要推动中国加入 WTO 政府采购双多边协议，要对中国企业投资欧洲设限，防止其通过并购"窃取"欧洲核心技术，甚至威胁对中国企业征税。美欧共同点就是认为片面强调自由贸易已经不合时宜，也要强调公平贸易。因此，尽管中国一再强调"一带一路"遵循国际规则，西方就是不买账。谁的规则，是老规则还是新规则？这是国际规则之争。背后折射的不只是全球化的权益分配问题，也事关国际竞争力和未来主导权之争，集中在发展模式较量上。

看来，"一带一路"遭遇的最大风险并非来自沿线落后国家，而是发达国家！发达国家对"一带一路"的普遍质疑有债务问题、标准问题、地缘政治、透明度问题、公开采购等。这些质疑，集中反映了发达国家对中国模式以及中国模式走出去的方式、成效的质疑，只要当它们最终认识到中国模式具有普适性时，这些质疑才会逐渐消失，而这又是对发达国家所标榜的普世价值的致命冲击。这些质疑通过发达国家对国际舆论影响，也深入影响到国内舆论，甚至形成国内外质疑"一唱一和"的局面。

以西方主导的国际规则统筹"一带一路"，还是以"一带一路"统筹国际合作；发展导向的全球化还是规则导向的全球化，这两种博弈已经开始。

四

为了规避"一带一路"的国际规则中西方之争，争取更多西方发达国家共商、共建、共享"一带一路"，建议发挥好香港的纽带作用，推动中西智库、信用评级机构、风险评估机构、法律争端解决机制合作，共同发布"一带一路"建设风险预测、绩效评估报告；推动私企、中小企业参与"一带一路"建设，形成早期收获，打造示范项目；推动成立全球基础设施协会，引入数字基础设施、绿色基础设施、可持续基础设施理念，纳入联合国框架，制定 21 世纪基础设施标准；加强中国在国际基建、软设施人才队伍建设，建设新型南南合作学院，培训发展中国家人才。

（写作于 2018 年 2 月）

跋：建设"一带一路"的自信与自觉

"一带一路"是伟大的事业，需要伟大的实践。习近平主席在"一带一路"国际合作高峰论坛上发表的主旨演讲中的这句话，提示我们要以高度的自信与自觉，建设"一带一路"。

建设"一带一路"的自信是"四个自信"的世界展示

"一带一路"有三个关键字："一"——道生一，一生二，二生三，三生万物，浓缩五千年文明；"带"——经济发展带，中国40年改革开放经验的浓缩，即习近平主席所言"以点带面，从线到片，逐步形成区域大合作"；"路"——浓缩170多年近代探索经验，鼓励各国走符合自身国情的发展道路。

因此，"一带一路"的魅力就是中华文明的魅力，中国现代化的魅力及中国改革开放的魅力全面展示。建设"一带一路"的自信是国内"四个自信"的国外延伸。

——道路自信。在中国共产党的领导下，中国走出一条符合自身国情的、独立自主的发展道路，如今又产生以习近平同志表率的大国领袖，国际社会普遍看好强有力的中国领导力。比如非洲，前不久还在非盟总部举办学习习近平《摆脱贫困》研讨。以非洲为代表的许多发展中国家终于认识到，没有基础设施，就很难实现工业化；没有实现工业化，民主化就注定失败。非洲 11 亿人中有 4 亿贫困人口，5 亿人还没有用上电，工业化没有开始或处于初级阶段，十分看重中国"要致富先修路，要快富修高速，要闪富通网路"的经验，积极响应中国"三网一化"——在非洲建设高速公路网、高速铁路网、区域航空网、基础设施工业化，从对接"一带一路"中看到工业化、农业现代化的希望，推动完成联合国 2030 年可持续发展议程。公元前 221 年中国就实现"车同轨，书同文"，国内互联互通了才能跟别的国家互联互通。新中国建立了一个独立完整的国防工业体系。联合国公布的数据显示，中国是全世界唯一拥有联合国产业分类中全部工业门类的国家，拥有 39 个工业大类、191 个中类、525 个小类全部产业。中国可以生产从卫星到味精、从火箭到火柴的所有东西。这使得中国通过"一带一路"布局产业链最为经济、最有可能。这就是建设"一带一路"的底气。

——理论自信。"一带一路"在推进发展导向而非规则导向全球化，必将催生系统的后西方理论体系。发展是解决所有难题的总钥匙。规则当然重要，但要不断成熟、循序渐进形成。中国改革所探索出的政府—市场双轮驱动经济发展模式正在补"一带一路"沿线国家发展短板，带来基础设施建设的第一桶金，通过养鸡取蛋而非杀鸡取卵，增强自主发展能力，同时培育了新的市场。像乌兹别克斯坦这样的双重内陆穷国，按市场经济是很难获国际金融机构贷款的，但获得了国家开发银行贷款，彰显"政府+市场"双轮驱动的中国模式魅力。印尼雅万高铁之所以中方击败日方胜出，就在于中方绕开了印尼方政府担保的前提，背后都是中国国有银行的支持。中国模式在非洲正大显身手。非洲第一条中国标准跨国电气化铁路，从设计、施工到运营，全都采用中国模式。肯尼亚的蒙内铁路和蒙巴萨港口建设也是如此。中国改革开放探索出一条工业走廊、经济走廊、经济发展带模式，先在沿海地区试点，继而在内陆港口城市和内陆地区试点推广，形成经济增长极、城市群，带动整个中国的改革开放。现在，"一带一路"要让非洲市场以点带线，以线带片，从基础设施（港区铁路贸五位一体）互联互通着手，帮助非洲获得内生式发展动力，形成经济发展带，实现工业化和农业现代化，共同脱贫致富。

——制度自信。"一带一路"倡导战略对接，将发达国家、发展中国家、新兴国家最广泛连接在一起，真正实现东西、南北、中外、古今的大融通，其成功折射中国社会主义制度的成功，也在展示和分享中国的发展模式。"一带一路"之六大经济走廊沿线 65 国中，有 8 个最不发达国家，16 个非 WTO 成员国，24 个人类发展指数低于世界平均水平的国家。这些国家在给世界经济和和平拖后腿，现在将和平与发展的希望寄托在"一带一路"上，绝非偶然。比如，开发性金融弥补市场经济发育不良与基础设施短板的双重困境：不同于商业性金融和政策性金融，开发性金融不只是金融活动，同时还是一个制度建设的活动。"一带一路"沿线很多国家的市场经济制度不健全，中国就希望通过金融服务的推广来帮助这些国家进行制度建设。这就是开发性金融。基础设施先行的工业化：过去，中国有"火车一响黄金万两"的说法，改革开放又有"要致富先修路，要快富修高速，要闪富通网路"的脱贫致富经验，让世人尤其是发展中国家的人民很容易为"一带一路"四个字所打动。三十余年将七亿人脱贫致富，占人类脱贫致富贡献的七成，这是激励许多发展中国家愿意跟着中国走，积极融入"一带一路"的最直接动因。没有基础设施，就很难实现工业化；没有实现工业化，民主化就注定失败。

——文化自信。英国历史学家汤因比当年就曾预测，解决世界问题寄希望于中华文明，不仅五千年来连续不断，且世俗包容。就拿电力丝绸之路来说，习近平主席 2015 年在联合国总部提出了一个叫作"智能电网、特高压电网和清洁能源"三位一体的模式。整个世界上 11 亿多人没有电，要用上电，那就是煤和油发电，一定会增加碳排放。既要马儿跑，又要马儿不吃草，怎么办？中国人现在摸索出了一条办法："西电东送、北电南供、水火互济、风光互补、跨国互联。"外国人不可能搞统筹协调，而是"头痛医头，脚痛医脚"。从思想层面说，"一带一路"的提出，标志着中国彻底告别近代，走出西方，正在纠偏近代西方主导的海洋型全球化导致的内陆国家和地区文明衰落，倡导包容性全球化。"一带一路"是中国作为工业文明代表提出的人类工业化进程，承接工业化、现代化、全球化从欧洲到美国、再到亚洲（"四小龙"、"四小虎"、中国），接着从中国到"一带一路"沿线国家的第三波，实现欧亚大陆的持久和平与共同发展。工业化是民主化的前提，基础设施、能源又是工业化的前提，"一带一路"为此强调基础设施、能源的互联互通，推进世界的工业化、城镇化进程，因此它超越文化—贸易交流，也超越欧亚地区，具有全球化、全球治理的关怀，超越文化交流，倡导民心相通，实现国内和解、地区稳定和世界和平。

总之，无论从硬实力还是软实力看，我们应自信建设"一带一路"。中国的 GDP 占据"一带一路"沿线国家的一半，也就是相对于其他沿线国家经济总量。改革开放前，中国人均收入只有非洲撒哈拉沙漠以南国家的人均收入的三分之一。但是今天已经成为全球最大、最具活力的制造业中心，生产全球一半的钢铁，是美国的 8 倍，生产全球 60% 的水泥、世界 25% 以上的汽车。中国目前也是全球最大的专利申请国，专利申请总数已经超过了美国和日本的总和。中国还是全球最大的一系列的工业产品和农产品的生产大国。而且中国崛起不是靠殖民主义、帝国主义和战争，它带给全世界经济的拉动力量相当于当年大英帝国崛起的 100 倍，相当于当年美利坚合众国崛起的 20 倍。中国制造业产值是美日德三国之和，是俄罗斯 13 倍！

瑞典地理学家斯文·赫定在 1936 年出版的《丝绸之路》一书中写道："可以毫不夸张地说，这条交通干线（丝绸之路）是穿越整个旧世界的最长的路。从文化—历史的观点看，这是联结地球上存在过的各民族和各大陆的最重要的纽带。……中国政府如能使丝绸之路重新复苏，并使用现代交通手段，必将对人类有所贡献，同时也为自己树起一座丰碑。""中国人重新开通丝绸之路之日就是这个古老民族复兴之时。"

建设"一带一路"的自觉是中国天下担当的应有之义

基辛格博士在《世界秩序》一书中写道："评判每一代人时，要看他们是否正视了人类社会最宏大和最重要的问题。""一带一路"能否成功，就看它能否解决人类社会最宏大和最重要的问题。

当今世界面临什么样的重要问题呢？习近平主席在"一带一路"

国际合作高峰论坛开幕式发表的主旨演讲中指出："我们正处在一个挑战频发的世界。和平赤字、发展赤字、治理赤字，是摆正全人类面前的严峻挑战。"

为解决这三大赤字，习近平主席演讲中回溯到两千年的丝路文明，号召我们不忘初心，不让浮云遮目，坚定信念——各国之间的联系从来没有像今天这样紧密，世界人民对美好生活的向往从来没有像今天这样强烈，人类战胜困难的手段从来没有像今天这样丰富，提出"和平之路、繁荣之路、开放之路、创新之路、文明之路"。这在中国经历近四十年改革开放所探索出的创新、协调、绿色、开放、共享的新发展理念基础上，展示了解决世界性难题的中国方案。

和平之路：丝绸之路是和平的产物。今天，"一带一路"通过倡导发展导向的全球化，树立共同、综合、合作、可持续的安全观，标本兼治、统筹协调，综合施策，正在消除冲突、动荡的根源。

繁荣之路：丝绸之路是繁荣的标志。古丝绸之路沿线地区曾是"流淌着牛奶和蜂蜜的地方"，"一带一路"正在再现这种繁荣景象，通过"经济大融合、发展大联动、成果大共享"，给世界经济发展带来福音。

开放之路：丝绸之路是开放的结果。"一带一路"正在打造"开放、包容、普惠、平衡、共赢的经济全球化"，是应对保护主义的最有力方案。

创新之路：丝绸之路是创新的宝库。"一带一路"着眼于 21 世纪的互联互通，创新合作模式、创新合作观念，引领国际合作方向。

文明之路：丝绸之路是文明的象征。"一带一路"将人类四大文明——埃及文明、巴比伦文明、印度文明、中华文明，串在一起，通过由铁路、公路、航空、航海、油气管道、输电线路和通信网络组成的综合性立体互联互通，推动内陆文明、大河文明的复兴，推动发展中国家脱贫致富，推动新兴国家持续成功崛起。一句话，以文明复兴的逻辑超越了现代化的竞争逻辑，为 21 世纪国际政治定调，为中国梦正名。"一带一路"所开创的文明共同复兴的秩序可被称为"文明秩序"。

"一带一路"倡议提出四年来引发的国际社会广泛反响，深刻揭示了中国与世界关系的深刻变迁。

一、传中国经验，造共荣之势

"中国应当对人类做出较大的贡献。"毛泽东主席当年的愿望，今天的中国通过"一带一路"正在实现。"一带一路"鲜明地体现在传播改革开放经验、工业化经验、脱贫致富经验，减少沿线国家学习成本，鼓励它们走符合自身国情的发展道路，甚至实现弯道超车和跨越式发展。

（一）改革开放经验：以开放促改革，以改革促开放。"一带一路"将中国改革开放的逻辑从"中国向世界（主要是发达世界）开放"到"世界（尤其是沿线国家）向我开放"转变，推动了世界的开放，尤其是南方国家之间的相互开放。"一带一路"正在倒逼沿线国家的改革和国际体系变革。比如，非洲领导人来中国坐高铁，意识到高铁是不等人的，被迫改变了生活习惯，回国倒逼改革。肯尼亚总统肯雅塔每三个月都到蒙内铁路和蒙巴萨港建设工地去视察，学习中国领导经验。国际层面，正如亚投行效应所显示的，亚行、世行都因为亚投行"高效、绿色、廉洁"高标准也不得不做出改革，国际金融体系因为人民币国际化而悄然变革。"一带一路"正在打造"开放、包容、均衡、普惠"的合作架构，推动全球体系改革。

（二）工业化经验：基础设施先行，惠及民生。2010 年，中国在加入 WTO 9 年后超过美国成为第一大工业制造国，现今的工业产值是美国的 150%，是美日德总和。这是中国搞"一带一路"的底气。基础设施+民生工程+教育，这是中国工业化经验的浓缩。在基础设施领域，中国具有从建造、运行、管理全套优势。中国通过"一带一路"正在非洲推行"三网一化"战略——高速公路网、高速铁路网、区域航空网、基础设施工业化，推广民生工程和教育培训，让非洲摆脱贫困恶性循环的局面，让非洲市场以点带线，以线带片，从基础设施（港区铁路贸五位一体）互联互通着手，帮助非洲获得内生式发展动力，形成经济发展带，实现工业化和农业现代化，进而推动政治和社会的全面进步。中巴经济走廊更是六大经济走廊旗舰工程，帮助巴基斯坦补上基础设施短板，推行工业化，实现经济起飞，最终成为中等强国。

（三）脱贫致富经验：一心一意谋发展，聚精会神搞建设。"要致富先修路，要快富修高速，要闪富通网路"，成为中国脱贫致富经验的鲜明总结，日益流行于世。"再穷不能穷教育"，中国注重义务教育和培训，阻止贫困的恶性循环。中国因此创造了改革开放三十余年将 7 亿人脱贫致富的奇迹，为世界脱贫贡献率超过七成。精准扶贫、开发性扶贫，扶贫与脱贫的结合，这些经验对世界具有广泛借鉴意义。非洲领导人表示，贫困是人类的公敌。2017 年 6 月份笔者参加习近平《摆脱贫困》一书的英法文版在非盟总部发布，亲历掀起《习近平谈治国理政》之后非洲学习中国的新高潮。2016 年在蒙巴萨参加中非媒体与智库论坛上，坦桑尼亚记者现场念《习近平谈治国理政》，羡慕中国以钉钉子精神搞建设、"治大国如烹小鲜"的精神气度。也因此，笔者在《"一带一路"：机遇与挑战》一书中很早提出把"一带一路"放在联合国 2030 年可持续发展议程中，全面对接联合国和平与发展事业。

上述经验，集中体现在"创新、协调、绿色、开放、共享"的新发展理念，落实于绿色、健康、智力、和平四大丝绸之路建设中，避免了"一带一路"沿线国家走"先污染后治理"弯路，塑世界共同繁荣与可持续发展之势。必须指出的，中国经验的分享不仅应基于自愿、平等、共赢原则，更应结合所在国国情，创新合作模式，实现当地化。

二、举中国方案，践大道之行

"形而上者谓之道，形而下者谓之器，化而裁之谓之变，推而行之谓之通，举而措之，天下之民谓之事业。"《周易·系辞上》这句话，是对"一带一路"事业的很好阐述。"一带一路"成为全球化、全球治理和国家治理的中国方案。

（一）全球化：包容性、联动性、本土性

"一带一路"着眼于欧亚地区的互联互通，着眼于陆海联通，是对传统新自由主义主导的全球化的扬弃。美战略家康纳在《超级版图》一书中提出，未来四十年的基础设施投入将超过人类过去四千年！传统全球化——关税减让，最多能推动世界经济增长 5%，而新型全球化——互联互通，将推动世界经济增长 10%—15%。因此，"一带一路"给全球化提供更强劲动力，并推动改革传统全球化，朝向开放、包容、均衡、普惠方向发展。"一带一路"的特点是实体经济全球化，路径是发展导向的全球化，方向是包容性全球化，目标是共享型全球化。

（二）全球治理：共商、共建、共享

"一带一路"是改善全球治理的新抓手，是实现世界经济再平衡的良方。它体现了中国理念：共商、共建、共享。首先，中国倡导"共商"，即在整个"一带一路"建设当中充分尊重沿线国家对各自参与合作事项的发言权，妥善处理各国利益关系，打造利益共同体。沿线各国无论大小、强弱、贫富，都是"一带一路"的平等参与者，都可以积极建言献策，都可以就本国需要对多边合作议程产生影响，但是都不能对别国所选择的发展路径指手画脚。通过双边或多边沟通和磋商，各国可找到经济优势的互补，实现发展战略的对接。其次，中国倡导"共建"，共担责任和风险，塑造责任共同体。"共商"毕竟只是各方实质性参与"一带一路"建设的第一步，接下来要进一步做好"走出去""引进来"的服务工作，同时鼓励沿线国家在引入资金、技术后培养相关人才，增强自主发展能力。只有做到了前面两点，才能保证"一带一路"建设的成果能够被参与各国所共享，建设命运共同体。通过倡导基础设施的互联互通，"一带一路"正在治疗新自由主义全球化顽疾，引导热钱流向实体经济，正在消除全球金融危机之源，实现全球金融治理。通过以发展促安全，以安全保发展，强调共同、综合、合作、可持续的新安全观，推进全球安全治理。

（三）国家治理：标本兼治，统筹协调

"穷则变，变则通，通则久。"《周易·系辞下》这句话表明，通是可持续发展及可持续安全的关键。阿富汗就是典型例子。阿政府认为"一带一路"给阿富汗实现和平与发展带来福音，阿绝不能错过这最后的机会，希望将地缘战略优势转化为实际经济利益，提出以光缆、交通、能源"三通"促"五通"，体现阿在欧亚大陆互联互通中的地区中心（hub），不仅使阿从"陆锁国"（land-locked）变为"陆联国"（land-connected），更让扮演连接中国与中亚、南亚、中东、非洲，中亚与南亚及印度洋的"五方通衢"角色。为此，中阿双方正探索"中巴经济走廊"向阿延伸的可行性。

"一带一路"倡议及人类命运共同体思想正式写入联合国安理会涉阿决议，这足以表明，"一带一路"倡议展示统筹协调、标本兼治的东方智慧，是解决阿富汗治理困境的希望，旨在以"五通"、地缘经济乃至地缘文明消除近代以来阿富汗作为"帝国坟墓""地缘政治角斗场"的魔咒、打破贫困与暴力恶性循环，并将为全球与区域治理树立典范。为此突出了"一带一路"倡议的文明性、和平性、包容性。

三、展中国担当，呈公共产品

孔子曰："己欲立而立人，己欲达而达人。""一带一路"是全球化即美国/西方化失势后，作为世界经济增长火车头的中国，将自身的产能优势、技术与资金优势、经验与模式优势转化为市场与合作优势，将中国机遇变成世界机遇，融通中国梦与世界梦。

（一）器物层面：物质性公共产品。全球金融危机爆发以来，中国成为世界经济增长的主要引擎，平均三成的世界经济增长来自于中国经济的拉动，超过第二位美国贡献的一倍。"一带一路"成为推动国际社会实现联合国2030年可持续发展议程的重要合作倡议。倡议探讨构建全球能源互联网，推动以清洁和绿色方式满足全球电力需求，就是典型例子。彭博社引用麦肯锡咨询公司的报告预测，到

2050年"一带一路"有望振兴给世界经济增长贡献八成的地区,新增30亿名中产阶级。

全球金融危机爆发前,国际贸易增长速度是世界经济增速的两倍,而之后却低于世界经济增速,这是全球化处于逆转的重要原因。未来十年,"一带一路"将新增2.5万亿美元的贸易量,这给经济全球化打了一剂强心针,带来了希望。不仅如此,"一带一路"建设推动中国与沿线国家的自贸区、投资协定谈判——已完成11个,并强调与沿线各国发展战略和已有的合作机制对接,推动全球层面的投资协定谈判进程。

正如习近平总书记2016年8月17日在推进"一带一路"建设工作座谈会上的讲话中指出的,以"一带一路"建设为契机,开展跨国互联互通,提高贸易和投资合作水平,推动国际产能和装备制造合作,本质上是通过提高有效供给来催生新的需求,实现世界经济再平衡。特别是在当前世界经济持续低迷的情况下,如果能够使顺周期下形成的巨大产能和建设能力走出去,支持沿线国家推进工业化、现代化和提高基础设施水平的迫切需要,有利于稳定当前世界经济形势。

(二)制度层面:制度性公共产品。中国发起成立丝路基金、亚洲基础设施投资银行等新型多边金融机构,促成国际货币基金组织完成份额和治理机制改革。丝路基金、亚投行、金砖国家新开发银行和"一带一路",是"源于中国而属于世界"的制度设计贡献。亚投行不仅激励国际金融体系变革,也在开创21世纪全球治理新路径:Lean,Clean,Green(高效、清洁、绿色);"一带一路"聚焦构建互利合作网络、新型合作模式、多元合作平台。倡导政策沟通、设施联通、贸易畅通、资金融通、民心相通等五通,旨在构建互利合作网络、新型合作模式、多元合作平台，携手打造绿色丝绸之路、健康丝绸之路、智力丝绸之路、和平丝绸之路，为全球治理贡献中国方案。

（三）精神层面：观念性公共产品。"一带一路"更是激活"和平合作、开放包容、互学互鉴、互利共赢"的丝路精神，探寻 21 世纪人类共同价值体系，建设人类命运共同体，展示了全球治理的东方智慧。2017 年 3 月 17 日，联合国安理会一致通过关于阿富汗问题的第 2344 号决议，呼吁国际社会凝聚援助阿富汗共识，通过"一带一路"建设等加强区域经济合作，敦促各方为"一带一路"建设提供安全保障环境、加强发展政策战略对接、推进互联互通务实合作等。决议强调，应本着合作共赢精神推进地区合作，以有效促进阿富汗及地区安全、稳定和发展，构建人类命运共同体。此前的 2 月 10 日，联合国社会发展委员会第五十五届会议协商一致通过"非洲发展新伙伴关系的社会层面"决议，呼吁国际社会本着合作共赢和构建人类命运共同体的精神，加强对非洲经济社会发展的支持。这是联合国决议首次写入"构建人类命运共同体"理念。

命运共同体思想继承和弘扬了《联合国宪章》的宗旨和原则，是全球治理的共商、共建、共享原则的核心理念，超越消极意义上"人类只有一个地球，各国共处一个世界"，形成积极意义上的"命运相连，休戚与共"，就是不仅要在物质层面，还要在制度层面、精神层面上求同存异、聚同化异，塑造"你中有我、我中有你"的人类新身份，开创天下为公、世界大同的人类新文明。天下大势，分久必合，合久必分。今天的"合"，就是超越国家的狭隘、利益差异，建立以合作共赢为核心的新型国际关系。命运共同体着眼于人类文明的永续发展，推动建立文明秩序，超越狭隘的民族国家视角，树立人类整体观,让中国站在国际道义制高点上。

在人类社会处于一个新起点上,世界是朝向开放、包容还是封闭、极端?这是 21 世纪之问。中国的回答是:世界是通的,提出以"五通"为内容的互联互通方案。正如当年格劳秀斯提出国际法概念,从"海洋是公的"入手,不是去争夺葡萄牙、西班牙所瓜分的世界陆地,为荷兰崛起为"海上马车夫"提出了更加包容性理念,"一带一路"及其背后的人类命运共同体,将成为新的世界领导型国家诞生的核心理念,成为中国特色社会主义理论体系集大成者。中医说,"通则不痛,痛则不通"。当今世界的国内治理与全球治理难题,多体现"不通"之痛。习近平主席指出:如果将"一带一路"比喻为亚洲腾飞的两只翅膀,那么互联互通就是两只翅膀的血脉经络。世界发展情势表明,"五通"承载着经济发展、全球治理、全球化的希望。"一带一路"国际合作高峰论坛盛况,为此做了注脚。

总之,我们要自信推进"一带一路"建设,服务于中华民族伟大复兴的中国梦和人类命运共同体建设;自觉抵制唱衰"一带一路"论,自觉践行"一带一路",自觉以"一带一路"统筹各项事业,以"一带一路"深化互利共赢开放战略,推进形成更加宽广多元的对外开放格局,积极维护多边贸易体制主渠道地位,促进国际贸易和投资自由化便利化,反对一切形式的保护主义,全力推动构建开放型世界经济。

后　　记

为什么中国不到十年时间修了 2 万公里的高铁，而美国一寸高铁都没有修出来？笔者在世界各地讲完"一带一路"时，通常会遇到这种问题。简单的回答就是"因为我们要回家"！书中提及的春节前带第一个女朋友、也是最后一个女朋友，今天就是我妻子回老家的故事，感染了一批又一批的听众。

俗话说，天边不如身边，道路不如故事。"一带一路"故事就从自己的切身经历讲起，以真诚打动人。通过全球巡讲"一带一路"，也是笔者重新睁眼看整个世界而不只是西方世界，不仅努力做到学贯东西而且追求学贯南北的过程，让世界认识中华文明的博大精深、中国共产党的伟大光荣、中国改革开放的英明正确，也是讲好中国故事，讲好中国发展模式的鲜活体现。如果我讲得好，那只是因为我们做得好！我们做得有多好，我就讲得有多好！实事求是，客观分析"一带一路"面临的机遇与风险。

这就是笔者讲述"一带一路"故事的坚定底气。

雨果在《悲惨世界》的序言里将他所在的世纪的三大问题概括为"贫穷使男子潦倒，黑暗使妇女堕落，饥饿使儿童羸弱"。"一带一路"就是将悲惨世界变成希望世界。解放全球生产力，发现旧大陆，振兴古文明，复兴丝路精神，开创人类文明共同复兴。

这就是笔者讲述"一带一路"故事的浩然正气。

气声相连。讲好"一带一路"故事，笔者始终追求润物细无声、此时无声胜有声、大音希声的"三声"境界。

If you believe, you can achieve. 这句英文谚语不仅生动诠释了笔者对"一带一路"研究的执着，也诠释了"一带一路"建设的真谛：早参与、早得益；世界因为分享而美好。

感恩时代，感谢"一带一路"，自从国内首部从国际关系角度诠释"一带一路"的专著《"一带一路"：机遇与挑战》问世以来，承蒙海内外朋友厚爱，尤其是外交部亚洲司两次委托我带团去周边国家巡讲，给笔者沿着"一带一路"走天下的机会，于是广泛去国内外考察、演讲，足迹遍布亚欧非拉各大洲。本书记载的土耳其、意大利、比利时、英国、德国、荷兰、法国、保加利亚、捷克、斯洛伐克、匈牙利、奥地利、波兰、芬兰、挪威、瑞典、丹麦、葡萄牙、法国、哈萨克斯坦、伊朗、埃及、巴基斯坦、印度、尼泊尔、阿富汗、柬埔寨、泰国、新加坡、马来西亚、埃及、肯尼亚、埃塞俄比亚、毛里求斯、突尼斯、南非、美国、日本、韩国、智利、哥伦比亚等国巡讲"一带一路"的部分情形。

除了出国，在国内也参加了大量"一带一路"相关国际会议，包括"一带一路"国际合作高峰论坛，做了大量演讲，部分内容收录在本书第一部分和第三部分。

志合者，不以山海为远。"一带一路"开启全球互联互通新时代，实现天堑变通途、咫尺天涯的全覆盖，建设人类命运共同体，功德无量。能全球巡讲"一带一路",笔者深感荣幸和自豪。

感谢人民出版社,刘敬文编辑,催促我整理出版全球巡讲录;外文局新世界出版社将笔者两本"一带一路"专著出版 20 种文字版本,包括乌尔都语和印地语,让"一带一路"飞入寻常百姓家;感谢观察者网在我每次国外巡讲结束后发表我的演讲稿;感谢人大国际关系学院、人大重阳、察哈尔学会对我的研究和考察提供的帮助。感谢赵启正、黄友义、韩方明先生等前辈提携。

感谢我的家人,尤其是我的爱人,对我全球巡讲"一带一路"默默的支持,在认真完成一天繁重工作后,无怨无悔地担负起照顾、辅导孩子的任务。每每出国,兴奋之余是愧疚。孩子成长的重要环节,我常常是在飞机上、在国外度过的,答应每周带他去游泳,后来改为每月、每个季度……

心中有大爱,脚下有大道。出版此书目的是倡导从后天看明天,而不是从昨天看明天;倡导"我行,你也行";倡导我们一起开创人类美好未来。

王义桅
2018 年 6 月于人大静园

责任编辑:刘敬文
封面设计:马淑玲
责任校对:吕　飞

图书在版编目(CIP)数据

王义桅讲"一带一路"故事/王义桅 著. —北京:人民出版社,2018.6
ISBN 978－7－01－019399－1

Ⅰ.①王…　Ⅱ.①王…　Ⅲ.①"一带一路"-国际合作-研究
　Ⅳ.①F125

中国版本图书馆 CIP 数据核字(2018)第 117437 号

王义桅讲"一带一路"故事
WANGYIWEI JIANG YIDAIYILU GUSHI

王义桅　著

人民出版社 出版发行
(100706　北京市东城区隆福寺街 99 号)

北京汇林印务有限公司印刷　新华书店经销

2018 年 6 月第 1 版　2018 年 6 月北京第 1 次印刷
开本:710 毫米×1000 毫米 1/16　印张:18.5
字数:210 千字　印数:00,001-10,000 册

ISBN 978－7－01－019399－1　定价:45.00 元

邮购地址 100706　北京市东城区隆福寺街 99 号
人民东方图书销售中心　电话 (010)65250042　65289539